부자가
되는
과학적
방법

부자가 되는 과학적 방법(큰글자도서)

초판인쇄 2022년 8월 18일
초판발행 2022년 8월 18일

지은이 월러스 워틀스
옮긴이 지갑수
발행인 채종준
발행처 한국학술정보(주)

주소 경기도 파주시 회동길 230(문발동)
문의 ksibook13@kstudy.com
출판신고 2003년 9월 25일 제406-2003-000012호

ISBN 979-11-6801-553-1 13320

부자가 되는 과학적 방법

월러스 워틀스 지음
지갑수 옮김

The Science of Getting Rich

이담
Books

  흔히 월급만 받아서는 큰돈을 모을 수 없다고 한다. 사업이나 장사를 해야 한다거나 주식이나 부동산 투자를 해야 큰돈을 벌 수 있다고들 한다. 그런데 이 책에서는 사업이나 장사, 투자를 못 해서 부자가 못 되는 게 아니라 부자가 되는 방식대로 일하지 않기 때문에 큰돈을 벌지 못하는 것이라고 단언하고 있다. 곰곰이 생각해보면 내 사업을 하건 월급쟁이를 하건, '일을 한다'라는 기본 줄기에는 변함이 없다. 즉, 사업을 하느냐 아니면 봉급을 받느냐가 중요한 게 아니라 일을 부자가 되는 방식에 따라 하느냐가 중요하다는 것이다.

  성공하려거든 경쟁하지 말고 창조하라! 이것은 2005년부터 세계적인 경제경영의 트렌드로 자리 잡은 블루오션 전략의 핵심 내용과 똑같다. 블루오션 전략이 나오기 근 100여 년 전에 이 책은 이미 똑같은 내용을 설파하고 있는 것이다. 블루오션만이 아니다. 영어 원문으로는 얼마 되지 않는 분량이지만 이 책에는 현대의 경영, 리더십, 마케팅 등 장르를 넘나들며 눈을 번쩍 뜨이게 하는 아이디어들의 정수가 가득 담겨 있다.

이 책은 현대 모든 자기계발서의 원천이 된 고전 중의 고전이다. Think and Grow Rich, Alchemist 등 후대의 모든 경영서, 자기계발서들은 모두 이 책의 영향을, 그것도 지대한 영향을 받았다. 당대 사상적 경향 때문에 이 책에는 기독교적인 배경이 강하게 깔려 있다. 그런 연유로 이 책의 서술 방식이 오늘날의 정서나 감각에는 잘 맞지 않을지도 모른다. 그러나 그 한 꺼풀의 장막을 헤치고 책의 정수를 꿰뚫어볼 수 있는 혜안을 가진 독자들에게는 무한한 영감과 자극의 원천이 될 훌륭한 책임을 믿어 의심치 않는다.

마지막으로 책의 출판을 위해 애써주신 한국학술정보㈜의 여러분께 감사드린다.

이 책은 실용서이지 이론서가 아니다. 이론 논문이 아니라 실천 교본 같은 책이다. 지금 가장 절실한 것이 돈인가? 그럼 이 책을 읽어라. '부자가 되는 게 우선이다. 그에 대한 철학적인 사색은 나중에 하자'라고 생각하는 사람도 읽어라. 믿고 따를 만한 '부자가 되는 과학적인 방법'이 있다면 기꺼이 실천해보고 싶지만, 어떤 과정을 거쳐 그 방법이 나왔는지 따져보고 싶지는 않은 사람, 더구나 직접 이론적으로 깊이 있는 연구를 하기에는 당장 시간도, 기회도, 능력도 안 되는 사람도 읽어라.

단, 이 책의 독자는 마르코니나 에디슨 같은 사람이 발표한 전기 법칙에 관한 내용을 일말의 의심 없이 믿듯, 이 책에 나와 있는 핵심적인 내용들을 신념을 가지고 믿어야 한다. 두려워하거나 주저하지 않고 책의 내용을 실천에 옮기면 책에서 말한 것과 같은 결과가 나올 것임을 믿어야 한다.

책에서 말하는 대로 실천에 옮긴 사람은 누구나 틀림없이 부자가 될 것이다. 이 책에서 알려주는 방법은 분명히 과학이기 때문에 실패할 수가 없다. 그러나 믿으려면 그만한 근거가 있어야 하지 않겠느냐는 생각에, 굳이 이론적으로 따져보고 싶은 독자들을 위해 여기에 이 책의 근간을 이루는 출처들을 나열해보겠다.

일원론적 우주론이란 것이 있는데, 하나가 전부이고 전부가 하나라는 이론이다. 즉, 한 요소가 물질계에 존재하는 수많은 물질을 다 표현해내고 있다는 것이다. 이는 힌두교에 뿌리를 두고 있는 생각으로 200여 년에 걸쳐서 서양인들의 사고방식 깊숙이 침투해 들어왔다. 사실 이것은 모든 동양철학의 근본이며 데카르트, 스피노자, 라이프니츠, 쇼펜하우어, 헤겔, 에머슨과 같은 이들의 사상의 근간이기도 하다.

이 책의 철학적 근간을 탐구하고자 하는 독자라면 헤겔과 에머슨을 읽어볼 것을 권한다.

나는 누구나 이 책을 이해할 수 있도록 하기 위해 오직 간결하고 단순하게 쓰는 것에만 신경을 썼다. 여기에서 기술하는 실천방법은 철학적 사유의 결과이지만 철저하게 검증했으며 실전이라는 최고의 테스트도 거쳤다. 그렇기 때문에 이대로만 하면 누구나 반드시 부자가 된다. 원하는 게 내가 어떻게 이러한 결론을 얻었는지에 대한 이론적 탐구라면 위에 나열해놓은 인물들의 책을 읽어라. 원하는 게 실전을 통해 그 철학의 과실을 얻는 것, 즉 부자가 되는 것이라면 이 책을 읽어라. 그리고 내가 하라는 대로 하라.

월러스 워틀스

목차

역자 서문 · 4

저자 서문 · 6

제1장 부자가 되는 것은 권리 · 11

제2장 부자가 되는 과학적 방법 · 16

제3장 기회는 소수가 독점하고 있는가? · 22

제4장 부자가 되는 과학적 방법의 첫 원칙 · 28

제5장 삶의 증폭 · 36

제6장 부는 어떻게 다가오는가 · 45

제7장 감사하라 · 53

제8장 특정방식으로 생각하라 · 59

제9장 의지력 사용법 · 66

제10장 의지력 사용의 확장 · 73

제11장 특정방식으로 일하라 · 81

제12장 효율적으로 일하라 · 89

제13장 진실로 원하는 일을 하라 · 96

제14장 발전하는 느낌 · 102

제15장 발전하는 인간 · 109

제16장 주의사항과 결론 · 115

제17장 부자가 되는 과학적 방법의 요약 · 122

Table of Contents

PREFACE · 126

Chapter 1   The Right to be Rich · 128

Chapter 2   There is a Science of Getting Rich · 133

Chapter 3   Is Opportunity Monopolized? · 139

Chapter 4   The First Principle in the Science of Getting Rich · 145

Chapter 5   Increasing Life · 153

Chapter 6   How Riches Come to You · 161

Chapter 7   Gratitude · 168

Chapter 8   Thinking in the Certain Way · 174

Chapter 9   How to Use the Will · 181

Chapter 10 Further Use of Will · 188

Chapter 11 Acting in the Certain Way · 196

Chapter 12 Efficient Action · 204

Chapter 13 Getting Into the Right Business · 211

Chapter 14 The Impression of Increase · 217

Chapter 15 The Advancing Man · 225

Chapter 16 Some Cautions and Concluding Observations · 231

Chapter 17 Summary of the Science of Getting Rich · 238

The Science
of Getting Rich

부자가 되는 것은 권리

별의별 미사여구를 다 동원해 가난을 칭찬할 테면 하라.

그래 봐야 부자가 아닌 사람의 인생은 진정으로 완벽하고 성공적인 인생이 될 수 없다는 사실에는 변함이 없다. 아무리 재능과 능력이 있어도 돈이 충분히 없으면 그 재능과 능력을 최고로 꽃피울 수가 없기 때문이다. 재능을 발전시키고 능력을 펴기 위해서는 소비해야 할 것들이 아주 많은데 돈이 없으면 그런 것들을 살 수가 없기 때문이다.

사람이 정신적 · 영적 · 신체적으로 발달하려면 뭔가를 소비(사용)해야 한다. 그런데 사회란 곳은 돈이 있어야 사용할 물건을 가질 수 있는 곳이다. 그러므로 사람이 발전하기 위해 가장 기본적으로 알아야 할 것이 바로 돈을 많이 버는 과학적 방법인 것이다.

모든 생명 있는 것들의 목적은 자라는 것, 바로 발전이므로 살아 있는 모든 것에는 가능한 한 모든 형태로 발전을 할 천부적인 권리가 있다.

사람은 자신의 정신적·영적·신체적 잠재력을 활짝 꽃피우는 데 필요한 모든 것을 아무런 제한 없이 자유롭게 소비할 권리가 있다. 이는 다른 말로 하면 누구나 부자가 될 권리가 있다는 것을 뜻한다.

내가 이 책에서 말하는 부는 상징적인 의미의 부가 아니다. 진정으로 부유하다는 것은 작은 것에 만족하는 것을 뜻하는 것이 아니기 때문이다. 좀 더 갖고 좀 더 즐길 능력이 있다면 작은 것에 만족해서는 안 된다. 삶의 발전과 발현은 자연의 섭리이므로 사람이라면 누구나 이러한 섭리에 순응하여 고귀하고 아름답고 풍족해야 한다. 그렇지 못한 상태로 만족하는 것은 죄악이다.

부유한 사람이란 원하는 것을 모두 가진 사람, 그래서 자기가 살고 싶은 대로 살 수 있는 사람을 말한다. 그런데 돈이 충분하지 않으면 원하는 것을 모두 가질 수가 없다. 현대의 삶은 대단히 발달되어 있고 그만큼 복잡해져 있기 때문에 가장 평범한 남녀조차도 완벽한 수준에 미치지 못하는 정도의 생활을 유지하기 위해서도 상당히 많은 액수의 돈이 필요하다.

될 수 있는 것은 무엇이건 되고 싶어 하는 것은 인간의 자연스

러운 욕망이다. 이렇게 자신의 타고난 가능성을 실현시키고자 하는 욕망은 인간의 본성인 것이다. 될 수 있다는 것을 알면서도 바라지 않는 것은 불가능하다. 인생에서 성공한다는 것은 원하는 대로 되는 것이다. 그런데 원하는 대로 되기 위해서는 뭔가를 사용해야만 한다. 그리고 그 뭔가를 자유롭게 사용하기 위해서는 그것들을 살 수 있을 만큼 돈이 있어야 한다. 그러므로 부자가 되는 과학적 방법을 이해하는 것은 지식 중에서도 가장 기본이 되는 지식이다.

부자가 되고자 하는 것은 조금도 잘못된 것이 아니다. 부자가 되고자 한다는 것은 좀 더 부유하고 좀 더 충만하고 좀 더 풍요로운 삶을 살고자 하는 것이기 때문에 오히려 칭찬을 받을 일이다. 좀 더 풍요롭게 살고자 하는 욕망이 없는 사람이 비정상적이다. 즉, 필요한 모든 것을 사기에 충분한 돈을 갖고 싶어 하지 않는 사람은 비정상적인 것이다.

사람은 세 가지를 위해 산다. 몸과 정신, 영혼이 그것이다. 이 셋 사이에 우열은 없다. 세 가지 모두 숭고하고 바람직하다. 그리고 셋 중 어느 하나라도 온전히 발현되지 않으면 나머지 것들도 온전히 발현될 수 없다. 영혼만을 위해 살며 몸과 정신을 부정하는 것은 옳은 일도 고귀한 일도 아니다. 정신만을 위해 살며 몸과 영혼을 부정하는 것도 잘못이다.

우리는 정신과 영혼은 부정하면서 오직 몸을 위해서만 사는 삶이 얼마나 끔찍한 결말을 가져오는지 잘 알고 있다. 우리는 진정한 삶이란 사람이 몸과 정신, 영혼을 통해 자신의 모든 것을 완벽하게 발현해내는 것임을 안다. 아무리 둘러댄다고 해도, 몸이 모든 면에서 충만하게 살고 있지 못하다면, 어느 누구도 진실로 행복하거나 만족스러울 수 없다. 그의 정신이나 영혼이 충만하지 못한 경우도 마찬가지다. 발현되지 못한 가능성이 있거나 발휘되지 못한 재능이 있다는 것은 충족되지 않은 욕망이 있다는 뜻이다. 욕망이란 가능성을 표현하고자 하는 것이며 능력을 발휘하고자 하는 것이다.

좋은 음식과 편안한 의복, 따뜻한 보금자리, 과도한 노동으로부터의 자유가 없는 사람은 신체적으로 충만하게 살 수 없다. 휴식과 오락 역시 신체적 삶에서 필수적인 것이다.

책이 없는 사람, 책은 있는데 읽을 시간이 없는 사람, 여행이나 관찰, 지적인 교류를 할 기회가 없는 사람은 정신적으로 충만하게 살 수 없다.

정신적으로 충만하게 살려면 사람에게는 지적인 유희가 필요하며 각자가 이용하고 감상할 수 있는 예술이나 미의 대상이 주변에 있어야 한다.

영혼이 충만한 삶을 살려는 사람에게는 사랑이 있어야 하는데 사랑의 표현은 가난에 의해 방해를 받는다.

사람은 사랑하는 사람에게 은혜를 베풀 때 최고의 행복을 느낀다. 자연스럽고 자발적인 사랑의 표현은 베푸는 것에 있는 것이다. 줄 것이 아무것도 없는 사람은 남편이나 아버지, 시민, 남자로서 자신의 본분을 다할 수 없다.

이와 같이 사람은 물질의 소비를 통해서 몸과 정신, 영혼이 충만한 삶을 살 수 있다. 그러므로 사람에게 최고로 중요한 것은 바로 부자가 되는 것이다.

부자가 되고자 하는 욕망은 전적으로 옳다. 정상적인 인간이라면 그러한 욕망을 안 가질 수가 없다. 사람이 부자가 되는 과학적인 방법에 최대의 관심을 기울이는 것은 지극히 올바른 일이다. 왜냐하면 부자가 되는 과학적 방법이야말로 가장 고귀하고 가장 필요한 공부이기 때문이다. 이 공부를 무시하면 그것은 우리 자신에 대한, 신에 대한, 그리고 인간에 대한 직무 유기가 된다. 왜냐하면 우리 자신을 최고로 실현하는 것보다 신과 인간에게 더욱 크게 보답하는 길은 없기 때문이다.

제2장

부자가 되는 과학적 방법

부자가 되는 과학적 방법은 존재한다. 그것은 대수학이나 산술처럼 엄밀한 과학이다. 부를 획득하는 과정을 지배하는 특정 법칙이 있어서 일단 이 법칙들을 배우고 실천하게 되면 누구나 수학 문제가 풀리는 것처럼 확실하게 부자가 될 수 있다.

돈이나 재산은 특정한 방식으로 일을 해야 생긴다. 알고 했든 모르고 했든 이 특정방식대로 일을 하는 사람은 부자가 될 것이다. 그리고 이 방식대로 일을 하지 않는 사람은 아무리 열심히 노력하고 아무리 재능이 있더라도 가난을 면치 못할 것이다.

이것은 같은 원인이 항상 같은 결과를 낳는 것처럼 하나의 자연법칙이다. 그러므로 이 방식대로 일하는 법을 배운 사람은 누구나 틀림없이 부자가 될 수 있다.

방금 한 말이 진실임은 다음의 사실로 증명된다.

부자가 되는 것은 환경 때문이 아니다. 만약 환경 때문에 부자가 된다면 어떤 동네에 사는 사람들은 모두 부자가 되어야 할 것이다. 또한 어떤 도시에 사는 사람은 모두 부자가 되는 반면 다른 도시에 사는 사람들은 모두 가난해야 할 것이다. 또 어떤 지역의 거주자들은 돈을 물 쓰듯 하며 살지만 그 옆 지역의 거주자들은 가난에 허덕여야 할 것이다.

그러나 부자와 가난한 사람이 같은 환경에서 나란히 사는 것은 어디에서건 볼 수 있다. 같은 직업을 가지고 있는 경우도 많다. 같은 지역에 살고, 같은 일을 하는 두 사람 중에서도 어떤 사람은 부자가 되지만 다른 사람은 가난을 면하지 못하는 것을 보면 부자가 되는 것은 본질적으로 환경의 문제가 아니다. 어떤 환경이 좀 더 유리한 경우는 있을 것이다. 그러나 같은 동네에 살면서 같은 일을 하는 두 사람 중에서도 어떤 사람은 부를 쌓고 어떤 사람은 실패하는 것을 보면 부자가 되는 것은 일을 어떤 특정한 방식에 따라 한 결과인 것이다.

또한 재능이 있다고 해서 특정방식에 따라 일을 하는 능력이 있는 것도 아니다. 뛰어난 재능이 있으면서도 가난한 사람들도 많고 별 재능도 없으면서 부자인 사람도 많기 때문이다.

부자가 된 사람들을 연구해보면 그들은 모든 면에서 보통 사람들과 다를 바 없음을 알게 된다. 다른 사람들에 비해 특별한 재능이나 능력이 있는 사람들이 아닌 것이다. 그러므로 다른 사람들에게는 없는 재능이나 능력이 있어서 이들이 부자가 된 것이 아니라 일을 특정한 방식에 따라 했기 때문에 부자가 됐다는 것은 틀림없는 사실이다.

부자가 되는 것은 근검절약의 결과도 아니다. 극도로 절약을 하는 사람들도 가난한 경우가 많으며 아무런 제약 없이 돈을 쓰는데도 부유한 경우도 많기 때문이다.

또한 다른 사람들이 해내지 못하는 일을 해내기 때문에 부자가 되는 것도 아니다. 왜냐하면 두 사람이 같은 업종에서 거의 똑같은 일들을 하는 경우에도 그중 하나는 부자이지만 다른 하나는 가난을 면하지 못하거나 파산을 하게 되는 경우가 있기 때문이다.

지금까지 살펴본 것들로 미루어볼 때, 부자가 되는 것은 일을 특정한 방식에 따라 했기 때문이라는 결론에 도달하지 않을 수 없다.

부자가 되는 것이 일을 특정한 방식에 따라 한 결과라면 그리고 동일한 원인은 항상 동일한 결론을 이끌어낸다면, 그 특정한 방식에 따라 일을 하는 사람은 누구나 부자가 될 수 있으며 따라서 부자가 된다는 것은 분명 과학의 영역에 해당한다.

그렇다면 이제 이 특정방식이라는 게 너무 어려워서 극소수의 사람만이 따라 할 수 있는 게 아닌가 하는 의문이 생긴다. 그러나 앞서 보았듯, 이것은 타고난 능력이 있어서 그렇게 할 수 있는 것은 결코 아니다. 재능이 있는 사람도 부자가 되고 흐리멍덩한 사람도 부자가 되며 지적인 사람도 부자가 되고 어리석은 사람도 부자가 된다. 신체적으로 강한 사람도 부자가 되며 병약한 사람도 부자가 된다.

물론 어느 정도의 사고력과 이해력은 필수적이다. 그러나 타고난 능력이 없어도 이 책을 읽고 이해할 수 있을 정도의 능력만 있다면 누구나 분명히 부자가 될 수 있다.

또한 앞서 보았듯, 환경 때문에 부자가 되는 것도 아니다. 물론 환경도 중요하다. 사하라사막의 한복판으로 가서 성공적인 사업을 할 수는 없기 때문이다. 부자가 되기 위해서는 사람을 다뤄야 하는데 사람을 다루기 위해서는 사람들이 있는 곳에서 살아야 하기 때문이다. 만약 주변 사람들도 우리의 거래 방식대로 거래하기를 좋아한다면 그만큼 더 좋다. 하지만 이것은 환경과 관련해서 그렇다는 것이다.

우리가 사는 지역에서 누군가가 부자가 될 수 있다는 것은 우리도 부자가 될 수 있다는 뜻이다. 우리가 사는 나라에서 누군가가 부자가 될 수 있다는 것은 우리 역시 부자가 될 수 있다는 뜻이다.

다시 말하지만 부자가 된다는 것은 특정 업종이나 직업과 관련된 문제가 아니다. 어떤 업종, 어떤 직업에서든 부자가 될 수 있다.

하지만 똑같은 일을 하는 옆집 사람은 가난에서 헤어나지 못할 수도 있는 것이다.

자신이 좋아하고 적성에 맞는 직종에서 최상의 성과를 올리게 될 것이라는 것은 사실이다. 또 갈고닦은 재능이 있다고 할 때 그 재능이 꼭 필요한 업종에서 역시 최대의 성과를 올리게 될 것이다.

또한 입지에 잘 맞는 업종에서 최대의 성과를 올리게 될 것이다. 예컨대 아이스크림 장사라면 그린란드 같은 추운 지역보다는 따뜻한 지역에서 더 잘될 것이고, 연어잡이라면 연어라고는 찾아볼 수 없는 플로리다보다는 노스웨스트에서 더 잘될 것이다.

그러나 이러한 일반적인 제약을 제외한다면 부자가 되는 것은 우리가 어떤 특정 업종에 종사하느냐에 달려 있는 것이 아니라 일을 어떤 특정한 방식에 따라 하느냐 하지 않느냐에 달려 있다. 만약 나와 같은 지역, 같은 업종에서 일하는 어떤 사람은 많은 돈을 벌고 있는데 나는 죽을 쑤고 있다면 이는 내가 그 사람과 같은 방식으로 일을 하고 있지 않다는 말이다.

자본이 없어서 부자가 되지 못한 게 아니다. 자본이 있는 사람이 돈을 더 쉽게, 더 빨리 불린다는 것은 사실이다. 그러나 자본이 있는 사람은 이미 부유한 사람이므로 어떻게 해야 부자가 될지 고민할 필요가 없는 사람이다. 아무리 가난하더라도, 일을 어떤 특정한 방식에 따라 하기 시작한다면 우리도 부자가 될 것이며 자본을 획득하기 시작할 것이다.

자본의 획득은 부자가 되는 과정의 하나일 뿐이다. 자본이 있어서 부자가 되는 게 아니라 일을 특정방식대로 했기 때문에 자본을 얻게 되는 것이다.

세상에서 가장 가난한 사람이어도 좋고, 큰 빚을 지고 있어도 좋다. 친구도, 영향력도, 재능이나 수단, 가진 것이 하나도 없어도 괜찮다. 일을 특정한 방식대로 계속하기만 하면 부자가 안 될 수가 없다. 동일한 원인은 동일한 결과를 낳게 되어 있기 때문이다. 자본이 없다면 자본을 갖게 될 것이다. 좋지 않은 업종에서 일하고 있다면, 좋은 업종에서 일하게 될 것이다. 입지가 안 좋은 곳에 있다면 좋은 곳으로 옮겨 가게 될 것이다. 바로 현재 속한 업종, 현재 입지 조건에서 시작하라. 성공을 낳는 그 특정한 방식에 따라 일을 하기 시작하라. 그러면 된다.

기회는 소수가 독점하고 있는가?

기회가 없기 때문에 가난을 면하지 못하는 사람은 하나도 없다. 즉, 일부 사람들이 부를 독점하고 있기 때문에 우리가 부자가 못 되는 게 아니라는 말이다. 어떤 일부 업종에 뛰어드는 것이 불가능할 수는 있다. 하지만 다른 경로가 항상 열려 있다.

철도 산업처럼 거대한 분야에서 영향력을 발휘하기는 분명 힘들 수도 있다. 철도 분야는 이미 확고하게 독점 체제가 갖춰져 있기 때문이다. 그러나 전기 · 철도 사업은 아직 커 나가는 단계라서 수많은 분야에 걸쳐 사업의 기회가 널려 있다. 또한 몇 년만 있으면 하늘을 이용한 교통 및 운송 분야가 거대한 산업이 될 것이고 그 곁가지로 뻗어 나오는 수많은 산업 분야를 통해 수십만, 아니 수백만 명의 일자리가 생겨날 것이다. 증기철도 산업 분야에서

J. J. 힐[1]이나 다른 거물들과 경쟁을 벌이는 대신 항공교통 분야로 왜 눈을 돌리지 않는가?

철강업계에서 일하는 어떤 노동자가 자신이 일하는 공장의 소유주가 될 가능성은 매우 적다는 것이 사실이다. 그러나 만약 그가 특정방식대로 행동하기 시작하면 조만간 철강업계에서 벗어날 수 있다는 것 또한 사실이다. 그는 10에이커(40,468㎡)에서 40에이커(161,872㎡)에 달하는 농장을 사서 식품 산업을 벌이게 될지도 모르는 일이다. 현대는 작게나마 땅을 소유하고 그 땅을 밀도 있게 경작하는 사람들에게 커다란 기회가 열려 있는 시대다. 그런 사람이 있다면 그는 분명히 부자가 될 것이다. 우리가 땅을 갖는 것은 불가능하다는 생각이 들 수도 있다. 그러나 땅을 갖는 것이 불가능한 것이 아님을, 특정방법대로 일을 한다면 분명히 농장을 가질 수 있다는 것을 내가 이제부터 증명해 보일 것이다.

시대에 따라 기회의 흐름도 달라진다. 전체 사회의 필요에 따라, 사회가 발전의 어느 단계에 와 있느냐에 따라 달라지는 것이다. 현재 미국은 농업 및 농업 관련 산업이나 직종으로 기회의 흐름이 흐르고 있다.

오늘날 기회는 공장 라인 앞에 서 있는 노동자에게 열려 있다.

---

1) 제임스 제롬 힐(1838~1916): 미국의 철도 재벌.

공장 노동자들에게 물품을 공급하는 사업가보다 농부들에게 물품을 공급하는 사업가에게 더 많은 기회가 열려 있다. 또한 노동자 계급에 서비스를 제공하는 전문직 종사자보다 농부에게 서비스를 제공하는 전문직 종사자에게 더 많은 기회가 열려 있다.

이러한 흐름에 맞서려고 하는 사람이 아니라 흐름을 따라가려는 사람에게 무한한 기회가 주어지는 법이다. 그러므로 공장 노동자들이라고 해서, 개인으로든 노동계급 전체로든 간에 기회가 박탈된 상태에 있는 것은 아니다. 공장주들에 의해 억압받고 있는 것이 아니며 기업과 연합 자본에 의해 짓밟히고 있는 것이 아니다. 노동자계급 전체가 현재와 같은 상황에 처해 있는 이유는 그들이 일을 특정한 방식대로 하지 않기 때문이다. 미국 노동자들이 특정방식대로 일하고자 한다면 그들은 벨기에나 다른 국가들의 노동자들이 한 것처럼 거대한 백화점을 세우고 협동조합 산업을 일으킬 수 있다. 노동자 출신을 관료로 뽑을 수 있으며 협동조합 산업의 발전을 지원하는 법을 통과시킬 수도 있고 몇 년 후에는 투쟁 없이 산업을 장악할 수도 있다.

일을 특정한 방식대로 시작하기만 하면 바로 노동자계급이 지배계급이 될 수도 있다. 부의 법칙은 세상 누구에게나 똑같이 적용되기 때문이다. 노동자계급이 배워야 할 것은 그들이 지금과 같은 방식으로 일을 계속하는 이상, 현재의 상태에서 결코 벗어날 수 없을 것이라는 사실이다. 그러나 노동자계급이 무지하고 게으르다고 해서 개개 노동자가 모두 다 그런 것은 아니다. 각 노동자는 기회의 흐름을 타서 부자가 될 수 있다. 이 책이 그 방법을 가르쳐줄 것이다.

부의 공급이 부족해서 사람들이 가난을 면하지 못하는 것이 아니다. 모든 사람이 부자가 되고도 남을 만큼 부는 충분하다.

미국에 있는 건축자재만 가지고도 지구상 모든 가족에게 워싱턴 국회의사당만큼 큰 대저택을 지어줄 수 있다. 또 집약 농법을 이용하면 솔로몬이 전성기 때 입었던 화려한 옷보다 더 고급 품질의 옷을 만들어 지구상의 모든 사람을 입히기에 충분한 많은 양모와 면화, 린넨, 비단을 생산할 수 있고 동시에 세상 사람 모두를 최고급으로 먹이고도 남을 만큼 많은 음식도 이곳 미국에서만 모두 생산해낼 수 있다.

눈에 보이는 부의 공급만 해도 실질적으로 무한대에 가까우며, 눈에 안 보이는 공급량까지 생각하면 부의 고갈이란 불가능하다.

그런데 지구상에 존재하는 모든 것은 하나의 근원적인 물질에서 비롯되었다. 이 근원적인 물질에서 다른 모든 것이 파생된 것이다.

새로운 형상이 끊임없이 만들어지며 오래된 형상들은 사라져가지만 이 모든 것이 하나의 근원물질에서 나온다.

무형인 근원물질은 무한정 많다. 우주는 이 무형의 근원물질로 만들어져 있는데 그렇다고 우주를 만드는 데 그 근원물질이 모두 사용되어 버린 것은 아니다. 눈에 보이는 우주 형상의 내부와 틈새 사이사이에 근원물질이 스며들어 가득 차 있다. 이 근원물질은 모든 것의 재료가 되는 무형의 물질이다. 여태까지 만들어진 우주의 수만 배가 이 근원물질로부터 더 만들어질 수 있으나 우주의 재료가 되는 이 물질의 공급이 고갈되는 일은 일어나지 않는다.

그러므로 자연이 가난해서, 즉 모두에게 돌아갈 만큼 충분하지 못해서 사람들이 가난한 것이 아니다.

자연은 고갈되지 않는 부의 저장 창고다. 부의 공급은 결코 소진되지 않는다. 근원물질은 창조력으로 충만해 있어서 끊임없이 다양한 형상들을 생성해낸다. 건축자재가 다 소진되면 더 많은 건축자재가 생성될 것이다. 지력이 다 소진되어 식량과 옷감의 원료를 재배할 수가 없게 되면 토양이 재생되거나 더 많은 토양이 만들어질 것이다.

땅에서 금과 은을 다 캐냈는데 인간 사회가 여전히 금과 은이 필요한 발달 단계에 머물러 있다면 더 많은 금과 은이 무형의 근원물질에서 생산될 것이다. 무형의 근원물질은 인간의 필요에 부응하기 때문에 인간이 부족하게 살도록 놔두지 않을 것이다.

이것은 인간 전체로 봐도 사실이다. 즉, 인류 전체는 항상 부유하다. 그런데 가난한 개개인이 존재하는 것은 그들이 일을 할 때 개개

인간을 부유하게 만드는 특정한 방식에 따르지 않기 때문이다.

무형의 근원물질은 지적인 존재이기 때문에 생각을 할 수 있다. 이 근원물질은 생명이 있는 것이어서 항상 더 풍부한 삶을 추구하는 것이다.

더 풍부한 삶을 추구하는 것은 모든 생명이 자연스럽게 타고나는 본능이다. 자신을 확장시키려는 것, 자신의 경계를 확대시켜 좀 더 충만하게 자신을 표현하려는 것은 의식의 본성이다. 유형의 우주는 무형의 살아 있는 근원물질에 의해 만들어졌다. 무형의 근원물질은 자신을 좀 더 충만하게 표현하기 위해 자신을 유형의 형상으로 전환시키는 것이다.

우주는 항상 본성적으로 더 많은 삶과 더 충만한 기능을 얻기 위해 움직이는 거대한 살아 있는 존재다.

생명의 진보에 맞춰 형성되는 것이 자연이므로 자연의 지배적인 동기는 생명의 증가다. 이를 위해 생명에 도움이 되는 것들은 무엇이건 충분히 공급된다. 그러므로 신이 자신을 부정하고 자신이 한 모든 것을 무력화시켜 버리지 않는 이상 부족이란 있을 수 없다.

부의 공급이 부족해서 가난한 것이 아니다. 특정한 방식으로 행동하고 생각하려는 사람은 무형의 근원물질의 자원조차도 마음대로 통제할 수 있기 때문이다. 이것을 이제부터 좀 더 분명히 논증해보겠다.

제4장

부자가 되는 과학적 방법의 첫 원칙

생각은 무형의 근원물질에서 유형의 부를 생산해낼 수 있는 유일한 힘이다. 모든 물질이 만들어지는 근원물질은 생각하는 물질이어서 이 근원물질이 생각하는 대로 형상이 만들어지는 것이다.

근원물질은 그 생각대로 움직인다. 자연에서 관찰되는 모든 형상과 과정은 근원물질의 생각이 구체적으로 표현된 것이다. 근원물질이 어떤 형상을 생각하게 되면 그 형상을 띠게 되는 것이다. 근원물질이 움직임을 생각하면 그대로 움직이게 되는 것이다. 이것이 모든 것이 창조되는 방식이다.

우리는 근원물질이 생각으로 만들어낸 세계, 생각으로 만든 우주에 살고 있다(세계는 우주의 일부분이다). 과거에 무형의 근원물질이 움직이는 우주에 대한 생각만을 하던 때가 있었다. 근원물질은 자신의 생각대로 작용하기 때문에 결국 자신의 생각에 따라 행성 시스템의 형상을 띠게 되었고 그 형상을 유지하고 있다. 생각하는 근원물질은 자신의 생각대로 변하며 자신의 생각대로 행동하는 것이다.

근원물질이 원운동을 하는 태양과 행성을 생각하면, 스스로 생각한 그대로 변하게 되고, 그대로 별들이 움직인다. 근원물질이 천천히 자라나는 떡갈나무의 모습을 생각하면, 스스로 생각한 그대로 활동하여 – 비록 수백 년의 시간이 소요되겠지만 – 나무가 된다. 창조를 할 때, 근원물질은 자신이 설정해놓은 활동선을 따라 활동하는 것으로 보인다. 즉, 떡갈나무를 생각했다고 해서 즉각적으로 다 자란 떡갈나무가 생겨나는 것은 아니다. 그러나 다 자란 떡갈나무를 생각하면 그러한 나무를 만들어내는 힘들이 작동하고, 설정된 활동선을 따라 나무가 만들어지는 것이다.

근원물질이 어떤 형상을 생각하게 되면 그 형상이 창조된다. 그러나 그 형상은 항상 (혹은 보통은) 이미 설정된 행동과 성장의 선을 따라 그렇게 된다.

어떤 형상을 가진 집을 생각했을 때, 만약 그 생각이 무형의 근원물질에 영향을 미친다고 해도, 즉각적으로 집의 형상이 만들어지지는 않는다. 그러나 그 때문에 거래와 유통 분야에서 이미 작용하고 있는 창조 에너지들이 어떤 경로를 따라 작동하여 (건축이라는 기존 경로로 움직여) 결국 신속하게 집을 만들어내게 될 것이다. 창조 에너지가 작동할 기존의 경로가 없는 경우에는, 집은 유기물 혹은 무기물 세계의 점진적인 과정을 따르지 않고 기본 물질에서 바로 만들어지게 될 것이다.

형상에 대한 생각이 근원물질에 표현되면 반드시 그 형상이 창조된다.

사람은 생각의 중심으로 생각의 시초 근원지가 될 수 있다. 사람이 손으로 만들어내는 모든 형상은 먼저 그의 생각 내에서 존재해야 한다. 사람은 그가 생각해보지도 않은 것의 형상을 만들어낼 수는 없다.

그런데 여태까지 인간은 손을 이용해서 하는 작업에만 노력을 기울여왔다. 즉, 이미 존재하는 형상을 바꾸거나 수정하기 위해 육체노동을 한 것이다. 자신의 생각을 무형의 근원물질에 적용하여 새로운 형상을 만들어보겠다는 생각은 결코 해본 적이 없다.

즉, 사람은 어떤 형상을 생각하게 되면 자연에 있는 재료를 취해서 자신의 마음속에 있는 형상의 모습대로 만든다. 지금까지 인간은 '무형의 지혜'와 협력하려는, 즉 '신과 함께' 작용하려는 노력을 거의 혹은 전혀 하지 않았던 것이다. 인간은 그가 목격한 '신의 기적'을 자신도 할 수 있다는 것을 꿈도 꾼 적이 없다. 사람은 신체노동을 이용해 이미 존재하는 형상을 바꾸거나 수정할 뿐이다.

인간은 자신의 생각을 무형의 근원물질과 주고받음으로써 그 근원물질로부터 유형의 형상을 만들 수 있지 않을까 하는 문제에 대해 관심을 기울인 적이 없다. 우리는 인간이 그렇게 할 수 있다는 것을 증명하고자 한다. 어떤 남자나 여자라도 그렇게 할 수 있다는 것을 증명하고 그 방법도 보여주고자 한다. 그 첫 단계로 세 가지 기본 명제를 제시하고자 한다.

첫째, 단 하나의 무형의 근원물질이 있으며 이것으로부터 다른 모든 것이 만들어졌음을 단언한다. 겉모습이 다른 수많은 형상은 이 한 물질이 여러 다른 모습으로 표출된 것일 뿐이다. 유기체와 무기체 세계에서 발견되는 수많은 형상 역시 겉모습만 다를 뿐 모두 이 한 가지 물질에서 만들어진 것이다. 이 근원물질이 바로 생각하는 물질이며 이 물질이 생각하는 대로 형상이 만들어진다. 생각하는 물질이 생각을 하면 그것이 형상으로 되는 것이다. 사람은 생각의 중심으로 생각의 원천이 될 수 있다. 사람이 자신의 생각을 시초의 생각하는 물질과 주고받을 수 있다면 그는 그가 생각하는 것을 형상화하거나 창조할 수 있다. 요약해보자.

다른 모든 것의 근원이 되는 생각하는 근원물질이 있다. 이것은 그 원초적인 형상으로 우주의 모든 공간에 침투하여 퍼져 있고 채워져 있다.

이 생각하는 근원물질이 생각을 하면 그 생각의 이미지대로 형상이 창조된다.

사람은 형상을 생각할 수 있으며 그가 생각한 형상을 무형의 근원물질에 작용시켜 그가 창조하고자 생각했던 것을 만들어낼 수 있다.

이 주장을 내가 증명할 수 있는지 묻는다면, 우선 개략적으로 말해서, 논리적으로도 경험적으로도 그렇게 할 수 있다는 것이 나의 대답이다. 형상과 생각에 대한 현상을 따져보면 생각을 하는 시초의 근원물질에 이르게 되는데 생각을 하는 근원물질이라는 것을 따져보면 생각한 대로 형상을 만들어내는 능력이 있는 인간에 이르게 된다. 그리고 실험에 의해 나는 이 추론이 사실임을 확신했으므로 바로 가장 강력한 증거가 되는 것이다.

만약 이 책을 읽고 책에 쓰인 대로 해서 부자가 되는 사람이 한 명이라도 생긴다면 이는 내 주장이 사실이라는 증거가 된다. 그러나 이 책에 나와 있는 대로 한 사람마다 모두 부자가 된다면, 누군가 부자가 되는 데 실패할 때까지 내 주장은 확고한 사실이 된다. 검증 실험에서 실패하는 일이 생기기 전까지는 이론은 참으로 인정되기 때문이다. 그런데 내 이론대로 하면 실패하는 일은 없을 것이다. 왜냐하면 이 책에서 내가 하라는 대로 하는 모든 사람이 부자가 될 것이기 때문이다.

나는 특정한 방식에 따라 일을 하는 사람은 부자가 된다고 말해왔다. 특정방식에 따라 일을 하기 위해서는 먼저 특정한 방식에 따라 생각할 수 있어야 한다. 사람이 일을 하는 방식은 그가 생각하는 방식과 직결되기 때문이다.

바라는 대로 일을 하기 위해서는 바라는 대로 생각하는 능력을 먼저 갖춰야 한다. 이것이 부자가 되는 첫 단계다. 바라는 대로 생각한다는 것은 겉모습에 현혹되지 않고 본질, 즉 진실을 보는 것이다.

누구나 바라는 대로 생각할 수 있는 능력, 즉 진실을 보는 능력이 있다. 그러나 겉모습에 따라 생각하는 것보다 진실을 보는 것이 훨씬 더 힘이 든다. 겉모습에 따라 생각하는 것은 쉽다. 반면에 겉모습에 현혹되지 않고 진실을 보는 것은 힘든 일이며, 사람이 하는 그 어떤 일보다도 더 많은 에너지를 필요로 한다.

한결같이 일관성 있게 생각하는 것보다 사람들이 더 질색을 하는 것은 없다. 세상에서 가장 어려운 일이기 때문이다. 특히 진실이 겉모습과 상충될 때 더욱 그렇다. 우리는 세상의 모든 것을 겉모습에 따라 판단하려는 경향이 있는데 이는 한결같이 진실을 꿰뚫어볼 줄 알아야 극복할 수 있다.

질병이라는 겉모습에만 집착해서, 질병이란 겉모습일 뿐이며 사실은 건강하다는 진실을 견지하지 못하게 되면, 마음속으로 병이 들었다는 생각을 하게 돼 실제로 몸에도 병이 들 것이다.

가난이라는 겉모습에만 집착해서, 가난이란 없으며 사실은 풍요뿐이라는 진실을 견지하지 못하면 마음속에도 온통 가난만이 가득하게 될 것이다.

질병이라는 겉모습에 둘러싸여서도 건강을 생각하거나 가난이라는 겉모습에 둘러싸여서도 풍요를 생각하기 위해서는 힘이 있어야 한다. 이 힘을 얻은 사람은 마음을 다스릴 수 있고 운명을 정복할 수 있다. 즉, 원하는 것은 무엇이든 가질 수 있다.

이 힘은 겉모습에 감춰져 있는 근본적인 진실을 이해해야만 얻을 수 있다. 바로 생각하는 하나의 근원물질이 존재하며 모든 것은 이 근원물질로부터 비롯된다는 것이다.

그다음 이 근원물질이 갖고 있는 모든 생각은 구체적인 형상이 되며, 인간은 우리의 생각을 이 근원물질에 작용시켜 눈에 보이는 구체적인 형상으로 만들어낼 수 있다는 사실을 이해해야 한다. 이 사실을 깨닫게 되면 모든 의심과 두려움이 사라진다. 창조하고자 하는 모든 것을 창조해낼 수 있으며, 갖고자 하는 모든 것을 가질 수 있고, 되고자 하는 모든 것이 될 수 있음을 알게 되기 때문이다. 부자가 되기 위한 첫 단계로, 우리는 이 장에서 제시된 세 가지 기본 명제를 믿어야만 한다. 이 세 명제를 강조하는 의미에서 여기에서 다시 반복한다.

다른 모든 것의 근원이 되는, 생각하는 근원물질이 있다. 이것은 그 원초적인 형상으로 우주의 모든 공간을 침투하여 퍼져 있고 채워져 있다.

이 생각하는 근원물질이 생각을 하면 그 생각의 이미지대로 형상이 창조된다. 사람은 형상을 생각할 수 있으며 그가 생각한 형상을 무형의 근원물질에 작용시켜 그가 창조하고자 생각했던 것을 만들어낼 수 있다.

이 책에서 말하는 일원론적 우주론 외에 우주에 관한 다른 모든 개념을 버려라. 그리고 이 개념이 우리의 마음속에 확고히 자리 잡아 습관적인 사고의 일부분이 될 때까지 오직 이 개념만을 생각해야 한다. 이 개념들을 반복해서 읽어라. 모든 단어 하나하나를 기억에 새겨라. 그 의미를 완전히 믿게 될 때까지 끊임없이 생각하라. 의심하는 마음이 든다면 그것을 죄라 생각하고 떨쳐버려라. 이 개념과 상충되는 논리에 귀를 기울이지 마라. 반대되는 개념을 설교하거나 가르치는 교회 및 강연에는 가지 마라. 이와 다른 생각을 가르치는 잡지나 책도 읽지 마라. 신념이 혼란에 빠지면 모든 노력이 물거품이 될 것이기 때문이다. 이 개념들이 왜 진실인지 의문을 품지 마라. 어떻게 진실이 될 수 있는지를 따지지도 마라. 그냥 신념을 가지고 믿으라. 부자가 되는 과학적 방법은 이 신념을 절대적으로 수용하는 것에서부터 시작된다.

제5장

삶의 증폭

가난이 신의 뜻이라거나 인간은 가난해야 신을 섬길 수 있다는 식의 고리타분한 믿음을 모두 버려야만 한다.

지혜로운 근원물질은 의식이 살아 있는 물질이며 모든 것에 다 깃들어 있다. 모든 것의 내부에 살아 있어서 그 자체가 모든 것이기에 우리의 내부에도 깃들어 있다. 근원물질은 의식이 살아 있는 물질이기 때문에 의식이 있는 다른 모든 생명체처럼 충만한 삶을 살고자 하는 본능을 갖고 있다. 모든 생명체는 끊임없이 삶의 확장을 추구해야 한다. 생명이란 산다는 과정을 통해 자신을 확장시키는 것이기 때문이다.

땅에 떨어진 씨는 싹이 트고 성장하는 과정에서 수백 개의 씨를 생산해낸다. 생명은 산다는 과정을 통해 자신을 증식시킨다. 생명이란 끊임없이 더 많은 것이 되는 것이다. 생명이 계속 존재하기 위해서는 그렇게 해야만 하기 때문이다.

생각 역시 끊임없는 증식이 필요하다. 어떤 생각을 하게 되면 그다음 다른 생각으로 넘어가게 되며 의식도 끊임없이 확장된다. 하나를 배우게 되면 그다음 다른 것을 배우게 되며 지식이 끊임없이 확장된다. 한 가지 재능을 계발하게 되면 다른 재능을 배우고 싶은 마음이 든다. 우리는 끊임없이 더 많이 알고 싶고, 더 많이 하고 싶고, 더 많은 것이 되고 싶은 자기표현의 충동, 즉 생명의 충동에 지배되기 때문이다. 더 많이 알고, 더 많은 것을 하고, 더 많은 것이 되기 위해서는 더 많이 가져야 한다. 물질을 사용하지 않으면 배울 수도, 할 수도, 뭔가가 될 수도 없기 때문에 물질을 소유하지 않으면 안 되는 것이다. 즉, 부자가 되어야 좀 더 충만하게 살 수 있다.

부를 욕망한다는 것은 간단히 말해 (더 큰 삶을 살 수 있는) 잠재력을 실현시키고자 하는 것이다. 욕망이라는 것은 (아직 실현되지 못한) 가능성을 실현시키고자 하는 노력이기 때문이다. 자신을 실현하려는 힘이 욕망을 일으킨다. 더 많은 돈을 갖고자 하는 사람의 욕망이나 더 자라고자 하는 식물의 욕망이나 같은 욕망이다. 자신을 좀 더 충만하게 표현하고자 하는 생명 자체가 욕망인 것이다.

살아 있는 근원물질 역시 모든 생명에 고유한 이 법칙에 종속된다. 즉, 더 충만하게 살고자 하는 욕망으로 가득 차 있으며 그렇기 때문에 다른 물질들을 창조해낼 필요가 있는 것이다.

우리 안에 깃들어 있는 근원물질 역시 더 충만한 삶을 갈구한다. 그렇기 때문에 근원물질은 우리가 사용할 수 있는 것은 무엇이든 갖게 되기를 바란다. 부자가 되는 것은 신의 뜻이다. 신은 물질적으로 풍족한 사람을 통해 자신을 더 잘 표현할 수 있기 때문에 우리가 부자가 되기를 바란다. 인간이 삶의 수단을 무한대로 이용할 수 있게 될 때 우리 안에 깃들어 있는 신은 더욱 충만한 삶을 살 수 있는 것이다.

따라서 우주는 우리가 갖고자 하는 모든 것을 갖기를 바란다. 자연도 우리의 목적에 우호적이다. 모든 것이 본래 우리를 위해 존재한다. 이것이 사실임을 명심하라. 그러나 우리의 목적은 다른 모든 것에 깃들어 있는 목적과 조화를 이루지 않으면 안 된다.

단순한 쾌락이나 관능적인 만족이 아닌 진짜 삶을 원해야 하는 것이다. 삶이란 기능의 실행이다. 인간은 자신의 육체적 기능, 정신적 기능, 영적 기능을 어느 하나에 치우침 없이 가능한 한 모두 실행할 때만이 진실로 산다고 할 수 있다.

돼지처럼 동물적인 욕망을 만족시키기 위해 부자가 되기를 원해서는 안 된다. 그것은 삶이 아니다. 그러나 모든 신체적 기능의 작용 역시 삶의 한 부분이다. 따라서 신체의 생리적 충동이 정상적이고 건강하게 표출되는 것을 막는 사람은 삶을 완전하게 사는 것이 아니다.

그저 정신적 쾌락을 위해서, 지식을 위해서, 야망을 만족시키기 위해서, 다른 사람보다 훌륭해지고 유명해지기 위해서 부자가 되려고 해서는 안 된다. 이 모두는 당연히 삶의 일부분이지만 정신적인 즐거움만을 위해 사는 사람의 인생은 반쪽짜리 인생이라서 자신의 운명에 결코 만족하지 못하게 될 것이다.

그저 다른 사람의 안녕을 위해서, 인류를 위해 자신을 희생하기 위해서, 박애와 희생이 주는 즐거움을 위해서 부자가 되려고 해서는 안 된다. 영혼의 즐거움 역시 인생의 한 부분일 뿐이다. 다른 부분에 비해 더 나은 것도 아니고 더 고귀한 것도 아니다.

먹고 마시고 즐기고 싶을 때 먹고 마시고 즐길 수 있기 위해 부자가 되고자 해야 한다. 주변에 아름다운 것들을 두고, 멀리 떨어진 곳에 가보고, 마음을 살찌우고, 지성을 계발하고, 인간을 사랑하고, 친절을 베풀며, 세상이 진실에 눈뜨는 데 한몫하기 위해 부자가 되고자 해야 한다. 극단적인 이타주의는 극단적인 이기주의보다 나을 것도, 고귀할 것도 없다는 사실을 기억하라. 이 둘 다 잘못이다.

우리가 남을 위해 희생하기를 신이 바란다는 생각을 버려라. 그렇게 해야 신의 은총을 얻을 수 있다는 생각도 버려라. 신이 원하는 것은 그런 것이 아니다.

신은 우리가 우리 자신을 최대한 계발하기를 바란다. 이것은 우리 자신을 위하는 길이자 남을 위하는 길이기도 하다. 자신을 최대한 계발하는 것이야말로 남을 가장 많이 도울 수 있는 길이기 때문이다.

자신을 최대한 발전시키는 유일한 방법은 부자가 되는 것이다. 그러므로 부자가 되는 일을 우선시하고 최선으로 여기는 것은 옳으며 칭송받아 마땅한 일이다.

그러나 근원물질의 욕망은 모두를 위한 것이기 때문에 모두에게 더 많은 생명을 주는 방향으로 움직인다는 것을 잊지 마라. 근원물질은 모든 것에 깃들어 있는 상태에서 풍요와 생명을 추구하므로 그 어느 것에도 소홀할 수 없는 것이다.

총명이 있는 근원물질은 우리가 필요로 하는 것들을 제공해주지만 다른 사람에게 빼앗은 것을 주는 것이 아니라는 말이다.

즉, 경쟁하려는 생각을 버려야 한다. 우리가 추구해야 할 일은 기존의 것들을 얻기 위해 경쟁하는 것이 아니라 새롭게 창조하는 것이다.

누구에게서 그 어떤 것도 빼앗아서는 안 된다.

인정사정없이 거래를 해서도 안 된다.

남을 속이거나 이용해서도 안 된다.

우리를 위해 일하는 사람에게 정당한 몫보다 적게 줘서도 안 된다. 다른 사람들이 가진 것을 탐내서도, 눈독을 들여서도 안 된다. 남에게서 빼앗지 않으면 도저히 가질 수 없는 그런 것은 이 세상에 존재하지 않는다.

경쟁자가 아니라 창조자가 되어야 한다. 창조를 통해 우리가 원하는 것을 갖게 되면 다른 모든 사람도 그 때문에 혜택을 보게 된다.

방금 말한 것과 완전히 반대의 방식으로 행동해서 엄청난 돈을 번 사람들이 있다는 것을 나도 알고 있다. 그래서 그에 관해 여기에 덧붙여 설명하고자 한다.

순전히 특출한 경쟁 능력을 발휘해 큰 부자가 된 사람들이 가끔 자기네들도 모르는 사이에 근원물질이 갖는 위대한 목적과 동기에 동화되어 인종에 관계없이 모든 사람을 북돋우는 일을 하는 경우도 있다.

록펠러, 카네기, 모르간 등등 인물들은 자신들도 모르는 사이에 절대자의 대리인이 되어 근대 생산 공업을 조직하고 체계화했으며 결국 이들의 작업은 모든 이의 삶을 증폭시키는 데 큰 기여를 할 것이다. 그러나 이들의 시대는 저물어가고 있다. 이들은 생산을 체계화했으나 조만간 유통을 체계화하게 될 수많은 다른 대리인에게 자리를 내주게 될 것이다.

이들 갑부들은 선사시대의 거대한 파충류와 같은 존재들이다.

그들은 진화 과정에서 필수적인 역할을 했으나 그들을 만들어낸 진화의 힘 그 자체에 의해 소멸될 것이다. 그리고 이들은 진정한 부자는 아니었음을 명심할 필요가 있다. 이들 대부분은 사생활 기록을 보면 사실은 가장 비참하고 절망적이었음을 알게 될 것이다.

경쟁을 해서 얻은 부(富)는 만족을 주지도 못하고 영원히 지속되지도 못한다. 오늘은 내 것이지만 내일이면 다른 사람의 것이 된다.

기억하라. 과학적으로 확실히 부자가 되고 싶으면 남들과 경쟁해야 한다는 생각에서 완전히 벗어나야 한다. 한순간이라도 공급이 제한되어 있다고 생각해서는 안 된다. 은행가들을 비롯한 사람들이 모든 돈을 독점하고 통제하고 있다고 생각하는 순간, 그렇게 하지 못하도록 법안을 통과시키는 데 전력을 다해야 하겠다는 따위의 생각을 하는 순간, 당신은 경쟁 심리 속으로 빠져들고 마는 것이다. 그리고 당신의 창조력은 당분간 사라져버리는 것이다. 더욱 나쁜 것은 당신이 이미 북돋아놓았던 창조적 동력들마저 멈춰버리게 될 것이라는 점이다. 지구상에는 아직 햇빛을 보지 못한 천문학적인 액수의 황금이 있다는 사실을 명심하라. 혹시 그러한 금이 없다고 해도 당신의 필요에 따라 생각하는 근원 물질로부터 그보다 더 많은 금이 만들어지게 될 것이라는 사실도 명심하라.

필요로 하는 돈은 생긴다는 사실을 명심하라. 그렇게 되려면 내일 (수많은 사람이) 수많은 금광을 새로 찾아내야 한다고 해도 말이다.

눈에 보이는 공급량만 보지는 마라. 무형의 근원물질에 담긴 무한한 부를 늘 보라. 이 부는 받아서 사용하는 즉시 다시 채워진다는 것을 명심하라. 누군가 눈에 보이는 부를 모두 독점한다고 해도 당신이 챙길 몫이 없어지는 일은 일어나지 않는다.

그러므로 서두르지 않으면 좋은 택지는 다른 사람들이 모두 차지해버릴 것이란 생각은 단 한순간이라도 하지 마라. 대재벌들이 지구를 몽땅 차지해버릴 것이라는 걱정도 하지 마라. 다른 사람보다 한발 늦어서 원하는 것을 얻지 못하게 되지 않을까 두려워할 필요도 없다. 그런 일은 일어날 수가 없다. 당신은 남이 가지고 있는 것을 탐하는 것이 아니라 우리가 원하는 것을 무형의 근원물질로부터 생성해내려는 것이기 때문이다. 공급은 무한하다. 아래 원칙에 충실해라.

다른 모든 것의 근원이 되는 생각하는 근원물질이 있다. 이것은 그 원초적인 형상으로 우주의 모든 공간을 침투하여 퍼져 있고 채워져 있다.

이 생각하는 근원물질이 생각을 하면 그 생각의 이미지대로 형상이 창조된다. 사람은 형상을 생각할 수 있으며 그가 생각한 형

상을 무형의 근원물질에 작용시켜 그가 창조하고자 생각했던 것
을 만들어낼 수 있다.

제6장

부는 어떻게 다가오는가

인정사정없이 거래해서는 안 된다는 말은 거래를 아예 하지 말라는 뜻도 아니고 거래할 필요가 없이 살라는 뜻도 아니다. 다른 사람에게 불공정한 거래를 하지 말라는 뜻이다. 값을 치르지 않았으면 아무것도 가져서는 안 되며 모든 이에게 받은 것 이상으로 주라는 뜻이다.

거래 때마다 당신이 받는 것보다 많은 현금가치를 거래 상대에게 되돌려줄 수는 없다. 하지만 당신이 받는 것의 현금가치보다 더 많은 사용가치를 되돌려줄 수는 있다. 이 책을 만드는 데 사용된 종이, 잉크 및 기타 재료들의 가치의 합이 책 가격보다 낮을지도 모른다. 그러나 책에 담긴 내용 덕분에 수천 달러를 벌어들이게 됐다면 책을 판 사람은 부당한 행위를 한 게 아니다. 약간의 현금을 받고 엄청난 사용가치를 준 셈이기 때문이다.

나에게 아주 유명한 화가의 그림이 한 점 있고, 문명화된 사회에서라면 이 그림은 수천 달러의 가치가 나간다고 치자. 내가 그 그림을 배핀 레이로 가져가서 영업 능력을 발휘해 그곳에 사는 어떤 에스키모에게 500달러어치의 가죽을 받고 그림을 팔았다면 나는 그에게 부당한 짓을 한 것이 된다. 그 에스키모에게 그림은 아무런 가치가 없기 때문이다. 그림은 그에게 아무런 쓸모가 없다. 따라서 그의 삶에 아무런 도움도 되지 않을 것이다. 그러나 내가 만약 그 에스키모에게 똑같은 털가죽을 받고 그림 대신 50달러짜리 총을 줬다면 에스키모 입장에서는 훌륭한 거래를 한 셈이다. 총은 그에게 쓸모가 있다. 총을 이용하면 에스키모는 훨씬 많은 털가죽과 음식을 얻을 수 있기 때문이다. 따라서 총은 모든 면에서 그의 삶에 도움이 되며 그를 부자로 만들 것이다.

경쟁 단계를 벗어나 창조 단계로 들어서게 되면 우리가 하고 있는 비즈니스 거래를 철저하게 조사해봐야 한다. 그래서 우리가 파는 물품 중에 고객에게 그 가격만큼의 기여를 하고 있지 못한 물품이 하나라도 있다면 그 거래를 중단하도록 하자. 경쟁에서 이겨야만 사업을 할 수 있는 게 아니다. 경쟁에서 남을 물리쳐야만 하는 업종에 몸담고 있다면 즉시 그 업종을 떠나라.

모든 거래에서 현금으로 받은 것 이상의 사용가치를 줘라. 그렇게 되면 모든 거래가 세상 사람들의 삶에 기여를 하게 되는 것이다.

직원을 고용해서 쓰고 있는 경우라면, 급료로 나가는 것보다 더 많은 현금가치를 직원들로부터 뽑아내야 한다. 그 대신 발전을 원하는 직원은 매일 조금씩 발전할 수 있도록 '진보의 원칙'이 가득한 업체로 만들어라.

당신이 이 책에서 얻는 것을 당신 직원들은 당신의 업체에서 얻을 수 있게 하라. 수고를 아끼지 않는 직원들이 부를 향해 밟고 오를 수 있는 사다리 같은 업체가 되어라. 기회가 주어졌는데도 마다하는 직원들이 있다면, 그것은 당신의 책임이 아니다.

마지막으로 덧붙이면, 우리 주위에 가득한 무형 물질에서 부를 일궈낼 수 있다고 해서 부가 허공에서 그냥 만들어져 우리 눈앞에 나타난다는 이야기는 아니다.

재봉틀을 예로 들어보자. 지금 당신이 앉아 있는 방이든 어디든, 누가 만들지도 않은 재봉틀이 그냥 뚝 떨어질 때까지 '생각하는 근원물질'에 대고 재봉틀 생각이나 계속하라는 뜻이 아니다. 재봉틀을 원한다면 재봉틀의 이미지를 떠올리고, 그 재봉틀이 만들어지고 있거나 당신을 향해 오는 중이라는 강한 확신을 가져라. 일단 이미지 형성에 성공하면 흔들리지 않는 절대적인 신념을 가지고 그 재봉틀이 당신에게로 오고 있다고 믿어라. 재봉틀은 분명히 도착한다는 확신을 흔들 수 있는 생각이나 말은 절대 하지 마

라. 재봉틀을 이미 당신의 것으로 여겨라.

그럼 그 재봉틀이 당신의 것이 될 것이다. 인간의 마음을 지배하는 초월적인 힘에 의해 그렇게 될 것이다. 혹시 당신이 메인에 살고 있다면, 텍사스나 일본에서 온 누군가에 의해 이뤄진 어떤 거래를 통해서라도 결국 당신은 원하던 것을 갖게 될 수도 있는 것이다. 그렇게 된다면 이 모든 것은 당신에게뿐만 아니라 그 누군가에게도 이득이 될 것이다.

생각하는 근원물질은 세상 만물에 깃들어 있어서 서로 교류하며 이 모든 만물에 영향을 미칠 수 있다는 사실을 단 한순간도 잊지 마라. 좀 더 나은 삶, 좀 더 충만한 삶을 구하는 생각하는 근원물질의 바람이 기존의 재봉틀을 만들어왔던 것이고 수백만 개의 재봉틀을 더 만들 수 있으며 인간이 열망과 신념으로, 특정방법에 따라 이 생각하는 근원물질을 작동시키는 한 그렇게 될 것이다.

당신은 확실히 재봉틀을 가질 수 있다. 당신 자신과 다른 사람들의 삶을 증진시키는 데 사용할 수 있는 다른 물건들도 당신이 원한다면 확실히 가질 수 있다. 주저 말고 더 많이 요구하라. "아버지께서는 기꺼이 너희에게 왕국을 주신다"라고 예수는 말했다.

당신 내부의 근원물질은 당신이라는 형상을 통해 가능한 것은 모두 실현하고 싶어 한다. 그래서 가장 풍족한 삶을 살기 위해 당신이 가질 수 있는 것, 사용하고자 하는 모든 것을 당신이 갖기를 바란다.

부자가 되고자 하는 당신의 갈망은 전능한 존재가 좀 더 완벽하게 자기 자신을 표현하고자 하는 갈망의 하나인 것이다. 이 사실을 명심한다면 당신의 신념을 꺾을 수 있는 것은 아무것도 없다.

언젠가 피아노 앞에 앉아 연주를 해보려고 애를 썼지만 잘되지 않자 심통이 난 꼬마를 본 적이 있다. 꼬마에게 무엇 때문에 그렇게 골이 나 있느냐고 물었더니 꼬마가 이렇게 대답했다. "머릿속에서 음악이 맴도는데 손이 그걸 못 따라가요." 꼬마의 머릿속에서 맴돌던 음악이란 바로 근원물질에서 비롯되는 충동으로, 이 충동에는 생명과 관련된 모든 가능성이 다 포함된다. 그 꼬마를 통해 음악적인 모든 것이 표현되려 하고 있었던 것이다.

신, 즉 근원물질은 인간을 통해 살고, 행하고, 즐기고자 한다. 신은 "나는 인간의 손을 빌려 장대한 건축물을 짓고, 천상의 음악을 연주하고, 훌륭한 그림을 그리고자 한다. 나는 인간의 다리로 하여금 내 심부름을 하게 하고, 인간의 눈으로 하여금 내 아름다움을 보게 하고, 인간의 혀로 하여금 위대한 진리를 말하고 매혹적인 노래를 부르게 하고자 하며 또…… "와 같이 말한다.

가능한 모든 것이 인간을 통해 표출되고자 한다. 신은 음악을 연주할 수 있는 자들은 피아노를 비롯한 다른 모든 악기를 갖게 되어 각자의 재능을 극한까지 발전시키기를 바라며, 미적 감각이

탁월한 자들은 주변을 온통 아름다운 것들로 가득 채울 수 있기를 바라며, 진실을 분별할 수 있는 자들은 각지를 다니며 관찰할 수 있는 기회를 갖기를 바란다. 또한 신은 옷의 아름다움을 음미할 수 있는 자들은 아름다운 옷을 입게 되기를 바라며 좋은 음식을 음미할 수 있는 자들은 일류의 음식을 맛볼 수 있기를 바란다.

신은 왜 이렇게 되기를 원할까? 바로 신 자신이 사람들을 통해 즐기고 음미할 수 있기 때문이다. 다름 아닌 신이 음악을 연주하고 노래를 부르고 아름다움을 감상하고 진실을 찬양하고 좋은 옷을 입고 맛있는 음식을 즐기고자 하는 것이다. "우리로 하여금 뜻을 세워 행하도록 하는 것은 하나님이다"라고 바울이 말했다.

부자가 되고 싶은 당신의 열망은 신이라는 이 무한 존재가 당신을 통해 자신을 표현하고자 하는 욕망에 다름 아니며 이는 피아노 앞에 앉아 있던 그 작은 소년을 통해 그가 자신을 표현하고자 했던 것과 마찬가지다.

그러므로 큰 부자가 되고자 갈망하는 것에 대해 망설일 필요가 전혀 없다. 당신은 신을 향해 이러한 열망을 집중하여 표현해내기만 하면 된다.

대부분의 사람이 바로 이 점을 난감하게 생각한다. 사람들은 가난과 자기희생이 신을 기쁘게 하는 것이라는 낡은 생각을 여전히 갖고 있다. 그들은 가난이 신의 뜻이며 자연의 필수 요소라고 생각한다. 그들은 신이 천지창조를 이미 끝냈으므로 세상에 존재하는 것은 유한하고 이것이 모두에게 골고루 돌아가게 하려면 대부분의 사람은 가난한 상태에 머물러야 한다고 믿는다. 이 잘못된 생각에 너무 사로잡힌 나머지 사람들은 부자가 되고 싶어 하는 욕망을 부끄러운 것으로 여기고 그저 근근이 생활을 유지할 정도 이상으로 많은 것은 바라지 않으려고 노력한다.

이제 어떤 학생의 경우를 떠올려보기로 한다. 나는 그에게 자신이 원하는 것들을 마음속에 분명하게 떠올리고 그것들을 획득하고자 하는 열망을 무형의 근원물질에 강하게 투영하라는 말을 해줬다.

그는 아주 가난했고 셋집에서 살았으며 그날 벌어 그날 먹고사는 처지였다. 그에게 모든 부가 그의 것이라는 사실은 도무지 현실적으로 와 닿지 않는 말이었다. 그래서 곰곰이 생각한 끝에 그는 그렇다면 너무 과하지 않은 것, 즉 자신이 사는 집에서 가장 좋은 방에 깔 새 카펫과 추운 날씨에 난방용으로 쓸 무연탄 난로를 바라는 것이 좋겠다는 결론을 내렸다. 이 책에서 얘기한 대로 따라 한 그는 몇 달 만에 이것들을 장만하게 됐다. 그러자 이제 애초에 너무 조금 바랐던 것 아닌가 하는 생각이 들었다. 자기가 살고 있는 집을 샅샅이 조사한 그는 필요한 곳들을 모두 수리할 계획을 세웠다. 이곳에는 퇴창(밖으로 내밀어 난 창)을 하나, 저쪽에는 방을 새로 하나 내고…… 하는 식으로 그는 마음속으로 이상적인 집을 지었다. 그 후에는 가구에 대한 계획을 세웠다.

마음속으로 그림을 다 완성한 후에 그는 특정방식대로 살며 그가 바라는 것들을 얻고자 노력했다. 현재 그는 세를 내던 주택의 소유자가 됐으며 자기가 마음속에 그리던 이미지대로 집을 고치고 있다.

이제 더 확고한 믿음을 갖게 된 그는 더 큰 것들을 얻고자 전진하려 한다. 그의 믿음이 실제로 이뤄졌듯이 당신이나 우리 모두에게도 우리의 믿음대로 이뤄지는 것이다.

제7장

감사하라

바로 전 장을 읽은 독자라면 부자가 되는 첫 단계는 자신이 바라는 바를 무형의 근원물질에 전달하는 것임을 알았을 것이다.

이는 사실이며, 독자는 위와 같이 하기 위해서는 무형의 지성과 잘 조화를 이루는 것이 필요함을 알게 될 것이다.

무형의 지성과 조화로운 관계를 유지하는 것은 근본적이고 중요한 문제이므로 여기에서 그에 대해 몇 가지 논하고, 몇 가지 지침을 줄 생각이다. 이 지침을 잘 따른 독자는 신의 뜻과 완벽하게 조화로운 결합을 이룰 수 있게 될 것이다.

마음을 가다듬고 속죄하는 모든 과정은 단 한마디로 요약할 수 있다. '감사'가 그것이다.

첫째, 하나의 지적인 근원물질이 있으며 이로부터 다른 모든 것이 비롯됨을 믿어라. 둘째, 이 지적인 근원물질이 당신이 원하는 모든 것을 준다는 것을 믿어라. 셋째, 당신 자신을 이 지적인 근원물질과 연결시켜라. 이는 진심에서 우러나는 감사의 마음을 가져야만 가능하다.

다른 면에서는 삶을 제대로 꾸려가는 수많은 사람이 감사의 마음이 부족하기 때문에 가난에서 헤어나지 못한다. 이런 사람들은 신으로부터 선물을 하나 받고도 감사의 마음을 갖지 못해 신과의 관계를 단절시키고 만다.

우리가 부의 원천에 가깝게 살수록 더 부유하게 될 가능성이 있다는 것을 이해하기는 쉽다. 또한 결코 신에 대해 감사의 마음을 가져본 적이 없는 사람보다는 늘 감사하는 마음을 가지고 있는 사람이 신과 더 가까운 곳에 산다는 것을 이해하는 것 역시 어렵지 않다.

좋은 것들이 생길 때 신에 감사하면 할수록 좋은 것들을 더 많이, 더 빨리 얻게 될 것이다. 감사하는 마음 자세가 축복을 가져다주는 원천과 우리를 더욱 긴밀하게 연결해주기 때문이다.

감사하는 마음을 통해 우리의 온 마음이 우주의 창조 에너지와 밀접한 조화를 이루게 된다는 말이 설사 새삼스럽더라도 곰곰이 생각해보면 그 말이 사실임을 깨닫게 될 것이다. 우리가 가지고 있는 좋은 것들은 특정법칙에 따라 행동한 결과 우리 것이 된 것들이다. 감사하는 마음은 이러한 좋은 것들이 오는 길목으로 당신을 이끌어줄 것이며 창조적인 생각과 조화를 이루게 하여 당신이 경쟁 모드로 빠져들지 않도록 해줄 것이다.

감사하는 마음이 있어야만 우주 만물인 절대자를 바라볼 수 있고, 공급이 제한되어 있다는 그릇된 생각에 빠지지 않을 수 있다. 공급이 제한되어 있다는 생각을 하게 되면 희망을 갖는 것이 거의 불가능해질 수 있다. 이것이 감사의 법칙으로, 바라는 바를 얻고자 하는 사람이라면 절대적으로 이 법칙을 따르지 않으면 안 된다.

감사의 법칙은 작용과 반작용이 힘의 크기는 같으나 방향은 반대라는 자연법칙에 다름 아니다.

(우주 만물인) 신에게 진심 어린 감사의 찬양을 보내는 것은 힘의 방출이자 소비다. (온 우주에 존재하는) 신은 반드시 이 힘을 감지하게 돼 있으며 그에 대한 반작용이 당신을 향해 즉각적으로 일어난다. "신을 가까이하라. 그리하면 신도 너를 가까이하리라." 이것은 심리학적으로도 그 진실성이 입증된 말이다.

감사하는 마음이 충만하고 지속적이라면 무형의 근원물질로부터의 반응도 충만하고 지속적이 될 것이며 당신이 염원하는 것들 역시 언제나 당신을 향해 움직이게 될 것이다. 예수 역시 항상 감사하는 마음을 지녔음에 주목하라. 예수는 항상 "늘 제 기도에 귀 기울여주심에 대해 아버지께 감사드립니다"라고 말했던 것으로 보인다. 감사하는 마음이 없으면 큰 힘을 낼 수도 없다. 감사하는 마음이야말로 우리를 절대자의 힘에 연결해주는 것이기 때문이다.

그러나 장차 당신에게 더욱 많은 축복을 가져다주는 것이 감사의 유일한 가치인 것은 아니다. 감사하는 마음이 없으면 현재 처한 상황에서 오랫동안 불평불만을 갖지 않고 지내기가 어렵다(즉, 감사는 현재의 상황에 대해 만족하는 마음을 갖게 해준다).

현재 상황과 관련하여 불평불만을 갖기 시작하는 순간 모든 것을 잃기 시작한다. 우리의 의식이 흔한 것, 평범한 것, 가난한 것, 지저분한 것, 야비한 것에 머물고 있다는 뜻이기 때문이다. 즉, 우리의 마음도 이러한 것들을 닮아가며, 결국 이 이미지가 무형의 근원물질에 전달되어 흔한 것, 가난한 것, 지저분한 것, 야비한 것들이 우리를 찾아온다. 열등한 것들에 관심을 두면 우리 스스로 열등해지며 결국 열등한 것들에 둘러싸이게 된다.

한편 최고의 것들에 관심을 두면, 주변이 최고의 것들로 가득 차게 되어 우리 자신도 최고가 된다. 우리 마음속의 창조적인 힘은 우리가 관심을 기울이는 것의 이미지대로 우리의 모습을 만들어낸다. 그런데 인간은 생각하는 존재이며, 생각하는 존재는 자신이 생각하는 것의 형상을 닮게 되는 것이다.

감사하는 마음을 가진 사람은 늘 최상의 것만을 생각하므로 그 자신이 최상의 존재가 되는 경향이 있다. 즉, 최상의 형상과 특질을 본받아 결국 그것을 받아들이게 될 것이다.

신념 역시 감사하는 마음에서 비롯된다. 감사하는 마음은 항상 좋은 것들을 기대하며 이러한 기대는 신념이 된다. 감사하는 마음에 대한 반작용으로 신념이 생성되며 감사하는 마음을 밖으로 표현하게 되면 이러한 신념이 증가된다. 감사하는 마음이 없는 사람은 살아 있는 신념을 오래 유지할 수 없다. 살아 있는 신념이 없는 사람은 창조적인 마음을 발휘하여 부자가 될 수 없다. 이에 대해서는 다음 장에서 설명할 것이다.

그러므로 찾아오는 모든 좋은 것에 대해서 감사하는 마음을 갖고 계속적으로 감사를 표시하는 습관을 길러야 한다. 존재하는 모든 것이 우리의 발전에 기여하고 있기 때문에 우리는 존재하는 모든 것에 대해 감사해야 한다.

타락한 정치가나 재벌의 결점이나 잘못된 행동에 대해 생각하고 말하느라 시간을 낭비하지 마라. 그들이 조직한 세상 덕에 기회란 게 있는 것이다. 우리가 가지고 있는 모든 것이 사실 그들 덕분에 존재하는 것이다.

타락한 정치가들에게 화내지 마라. 이들 정치가가 없다면 우리 사회는 무정부 사회가 되었을 것이며 우리에게 돌아올 기회도 현저하게 줄어들 것이기 때문이다.

우리가 산업적·정치적으로 현 단계에 이르기까지 신은 오랜 시간 무한한 인내심을 가지고 노력해왔으며 신의 일처리에는 빈틈이 없다. 타락한 정치가, 재벌, 기업가, 정치인들이 더 이상 쓸모가 없어지는 순간 신이 이들을 모두 없애리라는 점은 추호도 의심할 여지가 없다. 그러나 당분간은 이들 모두가 유익하다는 점을 주시하라. 부가 당신을 찾아오는 길을 조직하는 데 이들 모두가 도움을 주고 있다는 사실을 잊지 마라. 그리고 그들에게 감사하라. 그렇게 하면 당신은 모든 사물에 존재하는 유익한 면과 조화로운 관계를 유지할 수 있게 될 것이고 이 유익한 면 모두가 당신에게 다가오게 될 것이다.

제8장

특정방식으로 생각하라

제6장으로 돌아가서 마음속으로 원하는 집에 대한 이미지를 그렸던 사람의 이야기를 다시 읽어라. 그러면 부자가 되는 첫 단계가 뭔지 분명히 알게 될 것이다. 원하는 것을 먼저 마음속으로 분명하고 또렷하게 그려야만 한다. 그러한 그림도 없이 그 이미지를 전달할 수는 없는 노릇이다.

이미지를 전달하기 위해서는 그 전에 이미 형성된 이미지가 있어야 한다. 그런데 수많은 사람이 자신이 뭘 하고 싶은지, 뭘 갖고 싶은지, 무엇이 되고 싶은지에 대해 모호하고 막연한 이미지만을 가지고 있기 때문에 생각하는 근원물질에 그 이미지를 전달하는 데 실패하고 만다.

뭔가 좋은 일이 하고 싶어서 부자가 되고 싶다는 식의 개략적인 바람으로는 충분하지 않다. 그런 바람은 누구나 갖고 있기 때문이다.

여행을 많이 하고, 구경도 많이 다니고, 오래 살고 싶다는 식의 바람으로도 부족하다. 그런 바람은 누구나 다 하기 때문이다. 친구에게 문자 메시지를 보낸다고 하자. 한글 자모를 그냥 보내서 친구가 알아서 이를 조합해 의미를 추리해내게 하는가? 사전에서 마구잡이로 단어들을 뽑아 보내는가? 그렇지 않다. 조리 있는 문장, 의미가 있는 문장을 보낼 것이다. 원하는 것을 근원물질에 투영하고 싶을 때도 역시 조리 있는 문장으로 해야 하는 것이다. 원하는 것이 무엇인지 구체적으로 알고 있어야 하는 것이다.

희망 사항이 모호하고 불분명해서는 창조적인 힘이 발휘되지 않으며 결코 부자가 될 수도 없다.

위의 예에서 나왔던 사람이 자신이 바라던 집을 구체적으로 그렸듯, 당신의 소망을 자세히 그려보라. 바라는 바를 정확히 파악하고 그것을 갖게 됐을 때 어떤 모습이었으면 좋겠는지를 아주 구체적으로 마음속으로 그려보라.

선원이 목적지인 항구를 가슴에 품듯 소망하는 바의 뚜렷한 이미지를 늘 가슴에 품고 있어야 한다. 언제나 소망을 직시하라. 소망을 직시하지 못하고 놓치는 것은 키잡이가 나침반에서 눈을 떼는 것과 마찬가지다.

그렇다고 집중력을 기르는 훈련을 한다거나 자기 확신이나 기도를 위한 시간을 따로 가질 필요는 없다. 묵상에 빠져들거나 어떤 의식 같은 것을 할 필요도 없다. 현 상태로도 이미 충분히 좋다. 오직 필요한 것은 자신이 바라는 바를 깨닫고 간절히 원하여 마음속에서 잊히는 일이 없도록 하는 것이다.

가능한 한 많은 여가 시간을 투입해서 마음속에 이미지를 그려라. 자신이 정말로 원하는 것에 집중하는 것은 따로 연습이 필요하지 않다. 노력을 해야 집중이 되는 것이 있다면 그것은 당신이 정말로 바라는 것이 아니다.

그러므로 정말로 부자가 되고 싶은 게 아니라면, 부자가 되고자 하는 열망이 너무도 강렬해서 마치 자극이 나침반의 바늘을 끌어들이듯 마음을 온통 빼앗길 정도가 아니라면, 이 책에 쓰인 지침들을 실천하려 하는 것은 별 실속 없는 짓이 될 것이다. 이 책에서 제시하는 방법은 부자가 되고자 하는 열망이 너무도 강렬해 정신적인 게으름, 쉽게 살려는 안이함 따위를 이겨내고 일에 매진하는 사람들을 위한 것이다.

마음속에 그리는 이미지가 뚜렷하고 분명하면 할수록, 좋은 점들을 자세히 묘사하면서 이미지 생각을 더 자주 하면 할수록, 열망도 강해질 것이다. 열망이 강해지면 강해질수록 소망하는 이미지에 집중하기도 더욱 쉬워질 것이다.

그러나 그저 이미지를 분명하게 하는 것 외에 뭔가가 좀 더 필요하다. 단순히 이미지를 보는 것만으로 끝난다면 우리는 몽상가에 불과하며 몽상가에게는 성취에 필요한 원동력이 거의 없거나 전혀 없다.

분명한 이미지 뒤에는 그것을 실현시키겠다는, 즉 구체적으로 표현하고야 말겠다는 목적의식이 있어야 한다. 그리고 이러한 목적의식 뒤에는 그것이 이미 내 것이라는 불굴의, 굽힐 줄 모르는 신념이 있어야 한다. 그것이 아주 가까이 있어서 움켜쥐기만 하면 된다는 신념 말이다.

실제로 바라는 새집이 생길 때까지 마음속으로는 이미 새집에서 살고 있다고 생각하라. 마음속으로 원하는 것을 마음껏 즐겨라.

"기도를 통해 구하는 모든 것이 이미 너희의 것임을 믿으라. 그리하면 그것이 진정으로 너희 것이 될 것이다"라고 예수가 말했다.

원하는 것이 정말 주위에 항상 있다고 생각하라. 그것들을 실제로 소유하고 사용하고 있다고 믿어라. 원하는 것을 실제로 갖게 됐을 때 사용하는 것과 똑같이 상상 속에서 사용하라. 마음속의 이미지가 뚜렷하고 분명해질 때까지 집중하고 이미지 안에 있는 모든 것의 주인이 된 것처럼 행동하라. 마음속으로 그것들이 정말로 당신 것이라는 확실한 믿음을 가져라. 이러한 태도를 확고히 하고 그것들이 정말로 실재하는 것이라는 믿음을 단 한순간도 버리지 마라.

그리고 전에 감사에 관해 이야기했던 것을 기억하라. 바라던 것이 실재로 생겼을 때 감사할 것 같은 정도로 늘 감사하는 마음을 가져라.

아직 상상으로만 가지고 있는 것들에 대해서도 신에게 진심으로 감사할 줄 아는 사람은 진정한 믿음을 가지고 있는 사람으로서 부자가 될 사람이다. 자신이 바라는 것이 실현되도록 창조의 힘을 촉발시킬 수 있는 사람이기 때문이다.

원하는 것을 얻기 위해 반복적으로 기도를 올릴 필요는 없다. 신에게 그런 일을 매일 말할 필요가 없는 것이다.

"이교도들처럼 헛되이 기도를 반복하지 말라." 예수가 제자들에게 말했다. "네가 기도드리지 않아도 아버지께서는 네가 무엇을 필요로 하는지 이미 알고 계신다."

우리 삶에 도움이 되는 것들을 소망하는 영특함을 갖는 것이 우리가 할 일이다. 다음 이러한 소망들을 전체적으로 일관되게 잘 엮어라. 이렇게 체계화된 열망을 근원물질에 각인시켜라. 무형의 근원물질은 원하는 것을 실현시켜 줄 능력과 의지가 있다.

말을 되풀이함으로써 각인시키라는 뜻이 아니다. 바라는 바를 달성하려는 목표와 비전을 굳건히 하고, 할 수 있다는 확고한 믿음을 견지함으로써 그렇게 하라.

기도에 대한 응답은 입으로 기도할 때의 믿음에 따라 이뤄지는 것이 아니라 (바람을 실현시키기 위해) 실제 행동할 때의 믿음에 따라 이뤄지는 것이다.

따로 안식일을 갖고 그날만 신에게 원하는 바를 말하고 뒤돌아서면 잊어버린다면 신을 감동시킬 수 없다. 따로 마련된 시간에만 별실에 들어가 기도를 하고는 다음 기도 시간이 될 때까지 바라는 것을 마음속에서 깡그리 잊어버리는 식으로는 신을 감동시킬 수 없는 것이다.

비전을 명확히 하고 믿음을 강화하는 데에는 소리 내어 기도하는 것도 효과가 있다. 하지만 원하는 것을 실제로 갖게 해주는 것은 말로 하는 기도가 아니다. 부자가 되기 위해서는 그럴듯하게 기도하는 시간을 따로 갖는 게 중요한 게 아니라 생활 자체가 곧 기도가 되도록 하는 게 중요하다. 여기서 말하는 기도란 흔들림 없이 확고한 비전, 그 비전의 창조력을 실현시키겠다는 목적의식, 그리고 내가 지금 실제로 그렇게 하고 있다는 믿음을 갖는 것을 말한다.

"얻게 되리라는 것을 믿어라."

일단 비전이 확고히 형성된 후에는 그 비전의 현실화가 관건이 된다. 비전이 형성된 후에는 그것을 말로 표현하는 게 좋다. 경건한 기도를 통해 신에게 비전을 전달하는 것이다. 그리고 바로 그

순간부터 마음속으로는 이미 기도한 것을 받은 것으로 여겨라. 새 집에서 살고, 좋은 옷을 입고, 자가용을 타고, 여행을 다닌다고 생각하고, 자신 있게 더 큰 여행 계획을 세워라. 바라는 것들을 실제로 갖게 된 듯 생각하고 말하라. 어떤 환경에 얼마만큼의 돈이 있으면 좋겠는지 상상해보고 늘 그 환경과 재정 상태에 도달한 듯 여기며 살아라. 하지만 몽상가나 망상가들이 하듯 해서는 안 된다. 상상이 실현되고 있다고 굳건히 믿고 상상을 실현시키고야 말겠다는 목적의식을 견지하라. 이러한 신념과 목적의식이 있느냐 없느냐에 따라 과학적으로 부자가 되고자 하는 사람과 단순한 몽상가가 구분된다는 것을 명심하라. 이 점을 깨달았으면 이제 의지력을 제대로 사용하는 방법을 배울 차례다.

의지력 사용법

과학적인 방법으로 부자가 되기 위해서는 나의 의지를 나 외에 다른 대상에 강요하려고 해서는 안 된다. 사실 그럴 권리도 없다.

다른 사람들을 내 뜻대로 움직이게 하려는 것은 잘못된 것이다.

정신의 힘으로 누군가를 강요하는 것은 물리력으로 강요하는 것만큼이나 잘못된 것이다. 물리력으로 누군가를 내 뜻대로 하게 만드는 게 그 사람을 노예로 전락시키는 행위라면 정신의 힘으로 그렇게 만드는 것도 하등 다를 바 없다. 차이가 있다면 방법이 다르다는 것뿐이다. 물리적인 힘으로 누군가의 물건을 빼앗는 것이 강도 행위라면 정신의 힘으로 빼앗는 것 역시 강도질이며 원칙적으로 아무런 차이가 없는 것이다.

설사 당사자의 이익을 위하는 경우라고 해도 내 뜻을 그 사람에게 강요할 권리는 없다. 무엇이 그 사람에게 이로운지 알 수가 없기 때문이다. 과학적으로 부자가 되기 위해서는 그 어떤 방식으로든 우리의 힘이나 강제력을 다른 사람에게 강요할 필요가 없다. 그럴 필요가 도대체 없는 것이다. 사실 다른 사람들에게 우리의 뜻을 강요하게 되면 우리 자신의 목표 달성이 오히려 어려워지는 경향이 있다.

원하는 것이 내게 오도록 하기 위해 그 물건에 대해 의지력을 사용할 필요도 없다. 그런 행동은 신에게 강요하는 것과 같아서 불손할 뿐만 아니라 어리석고 무익한 행동이 될 것이다.

신을 강요하여 좋은 것을 얻어내려고 할 필요가 없는 것은 태양을 떠오르게 하려고 강제력을 사용할 필요가 없는 것과 마찬가지다.

우리에게 우호적이지 않은 신을 굴복시키기 위해, 즉 우리 생각대로 되지 않는 완고한 힘들을 우리 뜻대로 움직이기 위해 의지력을 사용할 필요는 없다.

근원물질은 우리에게 우호적이다. 그래서 갖고 싶어 하는 우리의 열망보다 주고 싶어 하는 근원물질의 열망이 더 강하다. 부자가 되기 위해서는 자신의 의지력은 자기 자신에게만 사용하면 된다.

무엇을 생각하고 무엇을 할지 안다면, 바로 그렇게 올바른 생각을 하고 올바른 행동을 하는 데에 의지력을 써야 한다. 바로 이것이 원하는 것을 얻기 위해 의지력을 올바르게 사용하는 방법이다.

즉, 의지력이란 잘못된 길로 빠지지 않도록 자신을 채찍질하는 데에 쓰는 것이다. 자기 자신이 특정방법대로 생각하고 행동하도록 만드는 데 의지력을 써라.

당신의 의지나 생각, 마음을 공허한 곳에 써버리지 마라. 다른 물건이나 사람을 대상으로 사용하려고도 하지 마라. 당신의 의지는 당신 자신에게만 사용하라. 그럼 그 어떤 다른 대상에 대하여 사용하는 것보다 더 많은 것을 얻을 수 있다.

마음속에 당신이 바라는 것을 이미지화하라. 믿음과 목표를 갖고 그 비전에 집중하라. 의지력은 당신의 마음이 엉뚱한 곳으로 새지 않도록 하는 데 사용하라.

믿음과 목표가 투철하고 확고하면 할수록 부자가 되는 속도도 빨라질 것이다. 근원물질에 긍정적인 인상만을 주며 부정적인 인상을 줘서 효과를 상쇄시키지 않기 때문이다.

이미지화된 당신의 열망이 신념과 목적의식으로 고양되면, 무형의 근원물질은 이를 취해 멀리 우주의 구석구석까지 전달한다.

이렇게 열망의 기운이 퍼져감에 따라 우주의 모든 것이 열망을 실현시키기 위해 작동하기 시작한다. 생명이 있는 것이나 없는 것, 아직 존재하지도 않는 것 모두가 당신이 원하는 것을 실현시키기 위해 가동된다. 모든 기운이 같은 목적을 위해 가동되기 시작하며 모든 것이 이의 실현을 위해 움직인다. 모든 세상 사람도 당신의 열망을 실현시키는 데 필요한 일들을 하도록 영향을 받는다. 그래서 그들은 자기들도 모르는 사이에 당신을 위해 일하게 된다.

하지만 당신이 부정적인 기운을 무형의 근원물질에 미치기 시작하면 이 모든 것에 제동이 걸릴 수 있다. 신념과 믿음이 있을 때는 모든 것이 당신에게 다가오지만 의심하고 불신하면 모든 것이 당신을 떠나기 시작한다. 부자가 되기 위해 정신의 과학을 이용하고자 하는 사람 대부분이 실패하는 이유가 바로 이 사실을 이해하지 못하기 때문이다.

의심하고 두려워하느라 보낸 시간, 걱정하느라 보낸 시간, 당신의 영혼이 불신에 사로잡혀 보낸 시간 모두가 지적인 근원물질이 지배하는 영역으로부터 당신을 멀어지게 한다. 모든 약속은 오직 믿는 자에게만 주어진다. 예수가 얼마나 줄기차게 믿음을 강조했는지 주목하라. 이제 당신은 그 이유를 알 것이다.

믿음이 이토록 중요하기 때문에 당신의 생각이 나쁜 길로 빠지지 않도록 주의하는 게 좋다. 무엇을 보고 무슨 생각을 하느냐에 따라 믿음이 크게 영향을 받기 때문에 우리의 주의가 무엇에 쏠리는지를 통제하는 게 좋다.

바로 이때 의지력이 필요한 것이다. 어떤 것에 관심을 기울일지를 결정하는 것이 바로 의지력이기 때문이다.

부자가 되고 싶다면 가난에 대해서 공부해서는 안 된다.

원하는 것과 반대의 것에 골몰해서는 원하는 것이 내 것이 되지 않는 법이다. 질병에 대해 생각하고 공부해서는 건강을 얻을 수 없다. 범죄에 대해 생각하고 공부해서는 정의가 실현되지 않는다. 가난에 대해 생각하고 공부해서 부자가 된 사람은 여태까지 한 명도 없었다.

질병을 연구하는 과학으로서의 의학은 질병을 만연케 했다. 범죄를 연구하는 학문으로서의 종교도 범죄를 만연케 했다. 그러므로 가난을 연구하는 과학으로서의 경제학은 세상에 궁핍과 비참함을 가져오게 될 것이다. 가난에 대해 이야기하지 마라. 가난을 연구하지도, 상관하지도 마라. 무엇 때문에 가난이 발생하는지에 대해서도 신경 쓰지 마라. 가난은 당신과 아무런 관계가 없다.

중요한 것은 그 해결책이다.

자선 사업이나 자선 운동에 시간을 쓰지 마라. 가난의 비참함을 없애는 것이 자선의 목적이나, 자선이란 오히려 그 비참함을 영속시키는 경향이 있을 뿐이다.

불친절하고 피도 눈물도 없는 사람이 되어 도와달라는 절규에 귀를 막아야 한다는 말이 아니다. 여태까지 사람들이 해왔던 방법으로 가난을 없애려고 시도해서는 안 된다는 말을 하는 것이다. 가난과 가난에 관련된 모든 것을 뒤로하고 오로지 성공하라. 부자가 돼라. 이것이 가난한 사람들을 도울 수 있는 최상의 방법이다.

마음속에 가난에 관한 이미지가 가득하면 부자로 만들어줄 부자 이미지가 들어갈 곳이 없게 된다. 셋방에 사는 사람들이 겪는 비참한 상황이나 어린이 노동의 끔찍함 같은 것들을 기술해놓은 책이나 문헌을 읽지 마라. 당신의 마음에 고생과 궁핍 같은 우울한 이미지를 채울 수 있는 것은 그 어떤 것도 읽지 마라.

저런 것들을 알아봐야 가난한 사람들을 돕는 데 하등의 도움도 되지 않는다. 가난에 대한 광범위한 지식을 갖고 있어 봐야 가난을 없애는 데 아무런 도움도 되지 않는다.

가난을 없애는 것은 당신의 마음에 가난에 대한 이미지를 심는 데 있는 것이 아니라 가난한 사람들의 마음에 부에 대한 이미지를 심는 데 있다.

가난에 대한 이미지가 마음속에 들어오지 못하게 하는 것이 곧 가난한 사람들을 비참함 속에 버리는 것은 아닌 것이다. 가난은 가난에 대해 생각하는 부자들의 수가 늘어나서 없어지는 것이 아니라 신념을 가지고 부자가 되고자 하는 가난한 사람들의 수가 늘어남에 따라 없어지는 것이다.

가난한 사람들에게 필요한 것은 자선이 아니라 자극이다. 자선은 가난한 사람들이 여전히 비참한 상황에서 연명하는 데 필요한 빵 한 덩어리를 주거나 그저 한두 시간 가난을 잊을 오락거리를 주는 것에 불과하다. 그러나 자극을 주면 그들을 비참함에서 벗어나게 할 수 있다. 가난한 사람들을 돕고 싶다면 당신 자신이 부자가 되는 모습을 보여줌으로써 그들도 부자가 될 수 있다는 사실을 증명해 보여라.

이 세상에서 가난을 추방해버릴 유일한 길은 많은 사람이 이 책의 가르침을 실천하게 하고 그 수가 끊임없이 늘어나도록 하는 것이다.

경쟁이 아닌 창조에 의해 부자가 되도록 사람들을 가르쳐야 한다.

경쟁에 의해 부자가 된 사람들은 자신들이 타고 오른 사다리를 없애서 다른 사람들이 뒤따라 오르지 못하게 만든다. 그러나 창조에 의해 부자가 된 사람들은 다른 수많은 사람이 그들의 뒤를 따를 수 있도록 길을 터주고 격려해준다.

가난에 대한 동정을 거부하고, 가난에 대해 보거나, 읽거나, 생각하거나, 말하거나, 가난에 대한 사람들의 말에 귀 기울이려 하지 않는다고 해서 무정하거나 무자비한 게 아니다. 가난에 관한 주제에는 아예 관심을 꺼라. 신념과 목적의식을 가지고, 원하는 것에 온통 집중하라. 이렇게 하는 데 필요한 것이 바로 의지력이다.

의지력 사용의 확장

부유한 것과는 반대되는 이미지에만 계속 관심을 둔다면 그 이미지가 실재하는 것이든 상상의 것이든 간에 부에 대해 진실하고 분명한 비전을 유지할 수 없다.

과거에 돈 때문에 어려움을 겪은 적이 있다고 해도 그에 관해 이야기하지 마라. 아예 생각도 하지 마라. 당신의 부모가 겪었던 가난과 당신이 어렸을 때 겪었던 어려움에 대해 이야기하지 마라. 이런 것들을 하나라도 이야기하게 되면 그 시간만큼은 당신 자신이 심리적으로 가난한 사람들과 같은 부류가 되어버린다. 그렇게 되면 당신이 바라는 것들이 당신에게로 찾아오는 경로를 막아버리는 꼴이 될 것이다.

"죽은 자가 죽은 자를 묻게 하라"라고 예수가 말했다.

가난과 가난에 관련된 모든 것을 잊어라.

특정 우주론에 동의하고 앞으로 행복의 모든 가능성을 그 우주론에 걸고 있는 사람이라면, 그 우주론과 상충되는 이론에 한눈을 팔아서 득이 될 게 없지 않은가?

세상이 종말을 고할 것이라고 말하는 종교 서적을 읽지 마라. 세상이 지옥으로 떨어질 것이라고 말하는 염세적인 철학자나 유언비어 유포자들의 글도 읽지 마라.

세상은 악마에게 떨어지는 것이 아니라 신의 품으로 가고 있다.

세상은 놀라운 생성의 과정이다.

사실 세상에는 꺼림칙한 것들이 많다. 하지만 이런 것들은 분명 없어지고 있는데 그렇다면 없어질 게 확실한 것들을 연구하는 게 무슨 소용이 있나? 없어지는 데 걸리는 시간만 더디게 할 뿐인데 말이다. 진화론적 발전에 의해 사라지고 있는 것들에 대해 무엇 때문에 시간과 노력을 기울이는가? 각자가 맡은 자리에서 진화론적 발전을 촉진하면, 이런 것들이 빨리 사라지게 할 수 있는데 말이다.

어떤 국가나 계층, 지역의 상황이 아무리 끔찍해 보여도 그런 것들을 생각하는 것 자체가 시간을 낭비하고 기회를 망치는 일이다.

세상이 부유해지는 데 관심을 쏟아야 한다.

세상에서 사라지고 있는 가난에 대해 생각하는 대신에 세상에 나타나고 있는 부에 대해 생각하라. 세상이 부유해지도록 도울 수 있는 유일한 방법은 당신 자신이 창조적인 방법 – 경쟁적인 방법이 아니라 – 으로 부자가 되는 것이다.

부자가 되는 것에 모든 주의를 쏟아라. 가난은 무시하라.

가난한 사람들에 대해 생각하고 말할 때는 부자가 되고 있는 가난한 사람들에 대해 그렇게 하라. 연민의 대상이 아닌 축하의 대상이 될 사람들 말이다. 그럼 그 사람들과 다른 사람들이 자극을 받아 가난에서 벗어날 탈출구를 찾기 시작할 것이다.

모든 시간과 마음을 부에 쏟으라고 해서 추잡하고 야비한 인간이 되라는 말은 아니다. 진실로 부자가 되는 것은 세상에서 가장 귀한 목표다. 그 안에 다른 모든 것이 다 들어 있기 때문이다.

경쟁에 의해서라면 부자가 되기 위한 투쟁은 다른 사람들을 지배하려는 사악한 시도다. 그러나 창조적 방법으로 들어서면 모든 것이 달라진다.

위대해지거나 영적으로 발현하거나 봉사하거나 숭고한 노력을 하는 것 등은 부자가 됨으로써 가능하다. 뭔가를 사용해야 이 모든 것을 할 수 있기 때문이다.

신체적으로 건강하지 못한 사람이 건강해지기 위해서는 먼저 부자가 되어야 함을 알게 될 것이다. 금전적인 근심에서 자유롭고, 걱정이 없는 삶을 살며 위생적인 생활 습관을 유지할 수단이 있는 사람들만이 건강을 획득하고 유지할 수 있기 때문이다.

생존을 위한 투쟁의 단계를 넘어선 사람들만이 윤리적·영적으로 고양될 수 있다. 그리고 오직 창조적인 방법을 통해 부자가 된 사람들만이 경쟁이 가져오는 타락적인 영향으로부터 자유롭다. 가정의 행복을 원한다면 사랑은 타락적인 영향에서의 자유, 고양된 생각, 고상함이 있는 곳에서 가장 활짝 꽃피운다는 것을 기억하라. 이는 경쟁과 대항의식이 없는, 창조적인 방식을 통해 부가 획득된 곳에서만 발견된다는 것도 기억하라.

반복해서 말하지만 부자가 되는 것보다 더 고상하고 위대한 목표는 세상 어디에도 없다. 따라서 당신 마음속의 부자 이미지에 모든 주의를 다 쏟아라. 그 이미지를 흐리거나 왜곡할 수 있는 것은 그 어떤 것도 배제하라.

모든 것의 밑바탕에 감춰져 있는 진실을 보는 법을 배워야 한다. 그릇된 듯 보이는 상황(가난)의 이면에서는 위대한 생명력이 좀 더 충만한 자기표현, 좀 더 완벽한 행복을 추구하며 끊임없이 전진하고 있음을 꿰뚫어봐야 한다.

가난은 없다. 오직 부가 있을 뿐이다. 바로 이것이 진실이다.

자신들을 위해 준비된 부가 있음을 모르기 때문에 가난에서 헤어나지 못하는 사람들이 있다. 이들을 일깨워주는 가장 좋은 방법은 당신 자신이 스스로 부자가 되어 부에 이르는 길을 그들에게 직접 보여주는 것이다.

가난을 벗어나는 길이 있음을 어렴풋이 알고는 있지만 그 탈출구를 찾아내고 그 길을 따르기 위해 궁리하고 노력할 만큼 정신적으로 깨어 있지 못하기 때문에 가난한 사람들도 있다. 이들에게 당신이 해줄 수 있는 최상의 것은 올바른 방법으로 부자가 되어 행복을 누리는 모습을 보여줌으로써 부자가 되고 싶다는 욕구를 그들의 가슴속에 불러일으키는 것이다.

과학적으로 부자가 되는 방법에 관한 식견이 있으면서도 형이상학적 · 교조적 이론의 미로에 빠져 방향감각을 잃어서 어느 길을 택해야 할지 모르기 때문에 가난에서 헤어나지 못하는 사람들도 있다. 그들은 이런저런 방식을 다 시도해보지만 결국 실패한다.

이들에게 해줄 수 있는 최상의 것은 당신 자신이 모범이 되어 바로 그 올바른 길을 직접 보여주는 것이다. 백문이 불여일견이다.

즉, 세상을 위해 해줄 수 있는 최상의 것은 바로 당신 자신이 최고로 성공하는 것이다.

부자가 되는 것보다 신과 인간에게 더 효과적으로 봉사하는 방법은 없다. 단 경쟁적인 방법이 아닌 창조적인 방법으로 말이다.

한 가지 더 이야기하자. 나는 이 책에서 부자가 되는 과학적인 방법을 자세히 설명하고 있다. 내 말이 사실이라면 부자가 되는 방법에 관하여 다른 책은 읽을 필요가 없다. 이 말이 편협하고 독

선적으로 들릴지 모르겠지만 그러나 생각해보라. 수학의 계산에서 더하고, 빼고, 곱하고, 나누는 것보다 더 과학적인 방법은 없다. 다른 방법은 가능하지조차 않다. 두 점 간 최단 거리는 오직 하나뿐이다. 과학적으로 생각하는 방법도 오직 하나뿐이다. 바로 최단 거리로 가장 빠르게 목적에 이르는 길을 생각하는 것이다. 이 책보다 더 간결하고 간단하게 부자 시스템을 체계화한 사람은 아직 없다. 불필요한 것은 모두 걸러냈다. 이 책을 읽기 시작했으면 다른 책들은 모두 치워라. 다른 모든 이론은 깡그리 마음속에서 지워라.

이 책을 매일 읽어라. 항상 휴대하라. 기억에 담아라. 다른 방법이나 이론들은 생각도 하지 마라. 한눈을 팔면 의심이 생기고 확신이 없어지며 흔들린다. 그렇게 되면 실패하기 시작하는 것이다.

성공해서 부자가 된 다음에는 얼마든지 다른 방법들을 공부해도 좋다. 그러나 원하는 것을 얻었다는 확신이 들기 전에는 부자가 되는 것에 관해서라면 이 책 외에는 다른 어떤 것(서문에서 말했던 사람들이 쓴 책은 제외한다)도 읽지 마라.

뉴스도 가장 긍정적인 것, 즉 당신이 가지고 있는 이미지와 잘 조화되는 것만 읽어라.

또한 무슨 비법에 대해 연구하는 것도 뒤로 미뤄라. 사주, 토정비결, 운세, 미신과 같은 주제 근처에는 얼씬도 하지 마라. 돌아가신

조상이 여전히 우리 근처에 머물고 있는지도 모른다. 그러나 설사 그렇다고 해도 상관하지 마라. 당신이 할 일이나 제대로 해라.

죽은 이들의 영혼이 어디에 있건 간에 그들이 풀어야 할 문제, 그들이 해야 할 일은 따로 있다. 끼어들 권리가 우리에게는 없는 것이다. 우리는 그들을 도울 수 없으며 그들이 우리를 도울 수 있는지도, 설사 그들이 우리를 도울 수 있다고 해도 우리가 그들에게 시간을 내달라고 할 권리가 있는지 매우 의심스럽다. 죽어서 저승에 머무는 사람들은 내버려둬라. 당신 자신의 문제나 해결해라. 즉, 부자가 돼라. 미신 따위에 관여하기 시작하면 마음은 역류에 말려들어 희망은 분명히 난파하고 말 것이다. 이제 지금까지 공부해온 기본 원칙들을 정리해보자.

다른 모든 것의 근원이 되는 생각하는 근원물질이 있다. 이것은 그 원초적인 형상으로 우주의 모든 공간에 침투하여 퍼져 있고 채워져 있다. 이 생각하는 근원물질이 생각을 하면 그 생각의 이미지대로 형상이 창조된다.

사람은 형상을 생각할 수 있으며 그가 생각한 형상을 무형의 근원물질에 작용시켜 그가 창조하고자 생각했던 것을 만들어낼 수 있다.

이렇게 하기 위해서는 경쟁에서 창조로 옮아가야 한다. 마음속에 원하는 것에 관한 분명한 이미지를 갖추고 그 원하는 것을 반드시 획득하겠다는 확고한 목표와 실제로 그렇게 되리라는 흔들림 없는 믿음을 가지고 그 이미지를 고수해야 한다. 목표를 흔들리게 하거나 비전을 흐리거나 믿음을 앗아갈 가능성이 있는 것은 그 어떠한 것에 대해서도 마음을 열어서는 안 된다.

이제 덧붙여, 사람은 특정방식에 따라 살고 행동해야 함을 알아보자.

제 11 장

특정방식으로 일하라

생각은 창조력이다. 즉, 창조력이 발현하도록 강제하는 힘이 바로 생각이다. 특정방식대로 생각을 하면 부자가 되지만 그렇다고 실천은 등한시한 채 생각만 해서는 안 된다. 이 점에 충분한 주의를 기울이지 못해서 과학적 형이상학 사상가가 됐을 수많은 사람이 난파를 당한다. 바로 생각을 행동으로 옮기는 데 실패했기 때문이다.

인간은 아직까지 아무런 일도 하지 않고, 또한 어떠한 자연적인 과정도 거치지 않고 무(형의 근원물질)에서 곧바로 유를 창조해내는 단계(설사 이런 단계가 가능하다고 해도)에는 도달하지 못했다. 그래서 생각도 해야 할 뿐만 아니라 그 생각을 각 개인이 구체적인 행동으로 뒷받침해줘야만 하는 것이다.

생각에 의해 산속 땅 아래 깊숙이 감춰져 있던 금이 당신의 것이 되게 할 수 있다. 그러나 금이 저절로 채굴되고, 정제되고, 20달러 금화가 된 후 길을 따라 먼 거리를 굴러와 당신의 호주머니 속에 들어가는 것은 아니다.

신의 섭리에 의해 세상이란 어떤 이는 당신을 위해 금을 캐내고 또 어떤 이는 그 금을 당신에게 배달하는 일을 하도록 조직돼 있다. 그러므로 당신도 굴러 들어오는 금을 놓치는 일이 없도록 준비돼 있어야 한다. 생각은 모든 만물(생물이든 무생물이든 간에)을 움직여 그 도움을 받아 원하는 것이 우리에게 오도록 할 수 있다.

하지만 우리도 원하는 것이 실제로 왔을 때 그것을 정당하게 받을 수 있는 수준이 돼야 한다. 즉, 누군가의 적선으로 받아서도 안 되고, 훔쳐서도 안 된다. 다시 말하면 받은 것의 현금가치보다 더 큰 사용가치를 항상 되돌려줘야 한다.

생각을 과학적으로 사용한다는 것은 다음 세 가지로 구성된다. 원하는 것을 분명하고 뚜렷하게 이미지화하는 것, 원하는 것을 얻겠다는 굳은 목적의식을 잃지 않는 것, 원하는 것은 반드시 내 것이 됨을 (감사하는 마음과 신념을 가지고) 깨닫는 것이다.

생각 자체가 모든 것을 이루게 해줄 거라는 식으로 신비주의나 미신적인 생각을 갖지 마라. 이는 노력의 낭비며 건전한 사고력을 약화시킬 것이다.

부자가 되는 데 있어서 생각이 어떤 작용을 하는가는 앞 장에서 충분히 설명했다. 즉, 우리가 품는 비전은 신념과 목적의식을 통해 무형의 근원물질에 긍정적으로 각인된다. 무형의 근원물질은 삶을 좀 더 충만하게 실현하고자 하는 욕구를 우리처럼 가지고 있으므로, 우리의 비전이 전달되면 창조력이 발현되는 정규 경로를 통해 모든 창조의 힘을 가동하는데, 그 방향은 우리를 향하게 된다.

이 창조의 과정을 이끌거나 관리하는 것은 우리가 할 일이 아니다. 우리가 할 일은 비전과 목적, 신념을 유지하며 늘 감사하는 마음을 갖는 일이다. 그러나 우리는 특정방식에 따라 행동해야 한다. 그래야 바라던 것이 실제로 나타났을 때 획득할 수 있고, 마음속으로 바라던 것이 실제로 나타나게 할 수 있으며, 그것이 실제로 나타났을 때 제자리를 찾아가게 할 수 있다.

당신은 이 말에 담긴 참뜻을 알 수 있을 것이다. 바라던 것이 나타났을 때, 그것은 보통 다른 사람의 소유이며 그 사람은 그에 상응하는 대가를 요구할 것이다. 즉, 당신의 것을 얻기 위해서는 그 사람에게 그의 것을 대가로 줘야 한다. 전혀 노력도 하지 않는데 지갑이 요술 항아리처럼 항상 돈으로 가득 차 있을 수는 없다.

'부를 과학적으로 획득하는 방법'에서 이것은 아주 중요하다. 즉, 생각과 행동이 바로 현재, 이 자리에서 결합되어야 한다. 의식적으로든 무의식적으로든 자신의 욕망의 끈기와 힘으로 창조력을 가동시키지만 가난에서 벗어나지 못하는 사람들이 무척 많다. 바라던 것이 나타났을 때 받아들일 준비를 갖추지 못하고 있기 때문에 그렇다.

바라던 것이 나타나게 하는 것은 생각이다. 그러나 그것을 획득하게 하는 것은 행동이다. 분명한 것은 당신이 취할 행동이 어떤 것이든, 지금 당장 해야 한다는 것이다. 과거로 되돌아가 행동을 취할 수는 없다. 그러므로 머릿속에서 과거는 잊어버려라. 이것은 비전을 분명하게 하는 데 필수적이다. 미래에서 행동을 취할 수도 없다. 미래는 아직 실현되지 않은 것이기 때문이다.

그러므로 어떤 긴급한 일이 일어났을 때 당신이 어떤 식으로 행동을 하게 될지는 그 일이 실제 일어나기 전까지는 알 수 없다.

현재의 일이 당신과 맞지 않는다고 해서, 또 환경이 맞지 않는다고 해서, 맞는 일과 맞는 환경이 될 때까지 행동을 연기해야 하지 않느냐고 생각하지 마라. 앞으로 닥칠지도 모를 긴급 사태에 대비한 최선의 방책 따위를 생각하느라 현재를 허비하지 마라. 긴급 사태가 발생했을 때 당신에게는 그에 대처하는 능력이 있다는 것을 믿어라.

마음은 미래에 가 있으면서 행동만 현재에 한다면, 분산되어 산만한 마음 상태로 행동이 취해지므로 효과를 보기 어려울 것이다.

현재의 행동에 전심전력을 다하라.

근원물질에 창조적인 충동을 투영했더라도 그저 주저앉아 결과를 기다리면 안 된다. 그래서는 결코 원하는 것을 얻지 못할 것이다. 바로 지금 행동하라.

현재 외에 다른 시간은 없으며 현재 외에 다른 시간이 생기는 일도 결코 없을 것이다. 원하는 것을 맞이할 준비를 할 거라면 바로 당장 시작하라.

행동은, 그게 무엇이든, 바로 현재의 업무, 환경에서, 현재의 환경과 관련된 사람들과 일에 대해 이뤄져야 한다. 현재 있는 곳 외의 다른 곳에서 행동을 할 수는 없다. 즉, 과거에서 행동을 할 수 없고, 미래에서 행동을 할 수도 없다. 행동이란 바로 당신이 머무르는 현재의 이 장소에서만 가능하다.

어제 일이 잘됐는지 잘못됐는지 고민하지 마라. 현재의 일이나 제대로 하라. 내일 할 일을 지금 하려고 하지 마라. 실제 닥치면 그 일을 할 시간은 충분하다. 통제할 수 없는 사람이나 사물에 대해 황당하고 미신적인 방법으로 영향을 미치려고 하지 마라. 환경이 바뀐 다음에 행동하려고 기다리지 마라. 행동으로 환경을 바꿔라.

현재의 환경에 대해 행동을 취하는 것이 더 나은 환경으로 옮아가는 원인이 될 수도 있다.

더 나은 환경 속에 있는 자신의 모습을 신념과 목적의식을 가지고 견지하라. 그러나 행동은 현재의 환경에서 취하라. 그리고 전심

전력을 다하라. 공상이나 망상에 빠져 한순간이라도 헛되이 보내지 마라. 원하는 단 하나의 비전에 집중하라. 그리고 지금 당장 행동하라.

부자가 되기 위한 첫걸음으로, 뭔가 새롭거나, 색다르거나, 특이하거나, 걸출한 것을 하려고 궁리하지 마라. 아마 당분간은 당신의 행동이 여태까지 해왔던 것들의 되풀이에 지나지 않을 것이다. 그러나 바로 지금 그런 행동들을 일정한 방식에 따라 하기 시작해야 한다. 그럼 틀림없이 부자가 될 것이다.

지금 하고 있는 일이 당신에게 맞는 일이 아니란 느낌이 든다고 하자. 그렇다고 맞는 일이 생길 때까지 기다렸다가 행동하려고 하지 마라.

부적합한 환경에 처해 있다고 해서 주저앉아 슬퍼하거나 용기를 잃지 마라. 다시는 올바른 환경을 찾을 수 없을 만큼 철저히 잘못된 환경에 처한 사람은 아무도 없다. 다시는 올바른 일을 찾을 수 없을 만큼 철저히 잘못된 일에 깊이 빠져버린 사람 역시 아무도 없다.

적합한 일을 찾은 자신의 이미지를 견지하라. 그러한 일을 찾겠다는 목적의식, 그 일을 찾게 될 것이며 찾아가고 있다는 신념을 가져라. 하지만 현재 하는 일에서 당장 행동하라. 현재 하는 일을 더 나은 일을 찾는 발판으로, 현재의 환경을 더 나은 환경을 얻는 발판으로 만들어라. 신념과 목적의식을 가지고 적합한 일에 대한 비전을 견지하면 신의 섭리에 의해 그 일이 당신을 찾아올 것이고, 행동을 특정방식에 따라 하게 되면 당신이 그 일을 향해 가게 될 것이다.

월급을 받는 직장인인데, 원하는 것을 얻으려면 직장을 바꿔야 할 것 같은 느낌이 드는가? 공허한 망상만으로 그렇게 될 것으로 생각하지 마라. 망상은 분명히 실패로 끝나게 된다.

바라던 일을 하는 자신의 모습에 대한 비전을 가져라. 신념과 목적의식을 갖되 행동은 현재의 직업에서 시작하라. 그러면 반드시 바라는 것을 얻게 될 것이다.

비전과 신념은 창조력을 움직여 바라는 것을 얻게 해준다. 행동은 환경에 연관되어 있는 힘들을 움직여 바라는 곳으로 갈 수 있게 해준다.

이 장을 마치면서 교훈 하나를 우리 목록에 추가하기로 하자.

다른 모든 것의 근원이 되는 생각하는 근원물질이 있다. 이것은 그 원초적인 형상으로 우주의 모든 공간에 침투하여 퍼져 있고 채워져 있다.

이 생각하는 근원물질이 생각을 하면 그 생각의 이미지대로 형상이 창조된다. 사람은 형상을 생각할 수 있으며 그가 생각한 형상을 무형의 근원물질에 작용시켜 그가 창조하고자 생각했던 것을 만들어낼 수 있다.

이렇게 하기 위해서는 경쟁에서 창조로 옮아가야 한다. 마음속에 원하는 것에 관한 분명한 이미지를 갖추고 그 원하는 것을 반드시 획득하겠다는 확고한 목표와 실제로 그렇게 되리라는 흔들림 없는 믿음을 가지고 그 이미지를 고수해야 한다. 목표를 흔들리게 하거나 비전을 흐리거나 믿음을 앗아갈 가능성이 있는 것은 그 어떠한 것에 대해서도 마음을 열어서는 안 된다. 원하던 것이 막상 찾아왔을 때 놓치지 않기 위해서는 현재 환경에 속한 사람들과 사물들에 대해서부터 바로 지금 행동을 해야 한다.

제12장

효율적으로 일하라

생각은 앞에서 말한 대로 사용하라. 현재 있는 곳에서 당장 할 수 있는 것부터 시작하라. 현재 있는 곳에서 할 수 있는 모든 것을 다 하라.

사람은 자신의 자리보다 커야만 발전할 수 있다. 즉, 자신이 해야 할 일 중 하나라도 완수하지 못하는 사람이라면 그 자리보다 크지 못한 것이다. 세상은 자신의 자리를 채우고도 남는 사람들에 의해서만 진보된다.

자신의 자리를 채우는 사람이 세상에 하나도 없다면 다른 모든 것도 퇴보하지 않을 수 없다는 것은 분명하다. 자신의 자리에 충실하지 못하는 사람들은 사회와 정부, 교역, 산업에 짐만 될 뿐이다. 다른 사람들이 엄청난 비용을 들여 이들을 끌고 가야 하기 때문이다. 바로 자신의 자리도 채우지 못하는 사람들 때문에 세상이 정체되는 것이다. 이들은 낡은 시대, 저급한 삶의 단계에 속하며 퇴보하는 경향을 보인다. 모든 사람이 자신의 자리보다 작은 사회가 있다면 그런 사회는 결코 발전할 수 없다. 사회 진화란 신체적·정신적 진화의 법칙에 의해 지배되기 때문이다. 동물 세계에서 진화란 넘쳐나는 생명력에 의해 초래된다.

어떤 생명체가 현 단계에서 표현할 수 있는 것보다 더 충만한 생명력을 가지고 있다면 그 생명체는 더 높은 단계의 기관을 발달시키며 그렇게 해서 새로운 종이 시작된다.

자신의 자리를 넘치게 하는 생명체들이 없었다면 새로운 종은 결코 출현하지 않았을 것이다. 이 자연법칙은 우리 인간에게도 똑같이 적용된다. 즉, 부자가 되는 것은 이 법칙을 여러분 각자의 경우에 적용하느냐 하지 않느냐에 달려 있다.

우리가 사는 하루하루는 성공한 날이거나 실패한 날이거나 둘 중의 하나다. 성공한 날에만 원하는 것을 획득하게 되므로 하루하루가 실패의 연속이라면 결코 부자가 될 수 없다. 반대로 하루하루가 성공의 연속이라면 부자가 되지 않을 수 없다.

오늘 해야 할 일이 있는데 하지 않았다면 적어도 그 일에 대해서는 실패한 것이다. 그리고 그 결과는 상상하는 것보다 훨씬 참혹할 수 있다.

아무리 사소한 행동이라도 어떠한 결과를 불러올지는 아무도 예측할 수 없다. 마찬가지로 당신을 위해 작동하도록 설정되어 있는 모든 힘이 어떻게 작동하는지도 알지 못한다. 당신의 소박한 행동들이 엄청난 영향을 미치고 있는지도 모른다. 소박한 행동이 어마어마한 가능성의 문을 여는 바로 그 열쇠인지도 모른다. 신이 당신을 위해 이 세상(그것이 무생물의 세상이든 사람의 세상이든)에 얼마나 많은 조합(패)의 수를 준비해놓고 있는지는 결코 알 수 없다. 그러므로 사소한 것들을 무시하거나 이행하지 않는 것 때문에 원하는 것을 얻는 데 오랜 시간이 걸리는지도 모른다.

그날 할 수 있는 것은 모두 그날 하라. 하지만 위에서 말한 것에도 염두에 둬야 할 한계, 즉 제약이 있다.

가능한 한 짧은 시간에 가능한 한 많은 일을 하려는 욕심에 과로하거나 무작정 일에 덤벼들어서는 안 된다.

내일 해야 할 일을 오늘 하려고 하거나 일주일에 걸쳐 해야 할 일을 하루에 하려고 하지 마라.

중요한 것은 얼마나 많은 일을 하느냐가 아니라 각각의 행동을 얼마나 효율적으로 하느냐.

모든 행동은 그 자체로 이미 성공이거나 실패, 둘 중 하나다.

모든 행동은 그 자체로 이미 효과적이거나 비효율적이거나 둘 중 하나다.

효율적이지 못한 행동은 전부 실패한 행동이다. 비효율적인 행동을 하며 인생을 보낸다면 당신의 인생 자체가 실패한 인생이 될 것이다. 행동이 효율적이지 못한 상태라면 많은 일을 하면 할수록 그만큼 더 좋지 않다.

한편 효율적인 행동은 전부 성공적인 행동이다. 그래서 살아가면서 하는 행동 각각이 모두 효율적이라면 인생 자체가 틀림없이 성공적인 인생이 되는 것이다.

비효율적인 방법으로 수행되는 일들은 너무나 많은 반면 효율적으로 수행되는 일들은 너무나 적기 때문에 실패하는 것이다. 비효율적인 행동은 전혀 하지 않으면서 효율적인 행동은 충분히 많이 한다면 부자가 될 것이라는 것은 아주 자명한 이치임을 알 것이다. 그러므로 만약 지금 당장 모든 행동을 효율적으로 할 수 있다면 부를 얻는 것은 수학처럼 엄밀한 과학이 됨을 역시 이해할 수 있을 것이다. 그러므로 결국 행동 하나하나를 성공적인 것이 되도록 할 수 있느냐 없느냐가 관건이 된다. 그런데 누구나 그렇게 할 수 있다.

누구나 행동 하나하나가 성공적인 것이 되도록 할 수 있다. 모든 힘이 항상 우리와 함께하기 때문인데 모든 힘이란 실패할 수 없는 힘이기 때문이다.

이 힘은 당신의 부름에 즉각적으로 응답할 준비가 돼 있다. 따라서 모든 행동을 효율적으로 하려면 이 힘을 각각의 행동에 사용하기만 하면 된다.

모든 행동은 강하거나 약하거나 둘 중 하나다. 모든 행동이 강할 때 당신은 당신을 부자로 만들어줄 특정방식대로 행동하고 있는 것이다. 행동을 하는 동안에 비전을 굳건히 하고 목표와 신념을 가지고 그 행동에 전력투구한다면 모든 행동이 강하고 효율적으로 된다.

행동하면서 머리를 쓰지 않는 사람들이 실패하는 게 바로 이 시점에서다. 이런 사람들은 머리를 쓰는 때와 장소가 다르고 몸으로 행동하는 때와 장소가 다르다. 그래서 이들의 행동은 그 자체로 성공적이지 못하다. 이런 행동은 대부분 비효율적이다. 그러나 모든 행동에 모든 힘을 사용한다면 그것이 아무리 흔한 행동이라고 해도 그 자체로 성공이 될 것이다. 그리고 사물의 특성상 한 성공은 다른 성공으로 가는 징검다리가 되므로 당신과 당신이 원하는 것이 서로 다가서는 속도가 점점 더 빨라질 것이다.

성공적인 행동은 결과적으로 누적적이라는 사실을 잊지 마라. 즉, 모든 사물이 좀 더 충만한 삶에 대한 욕구를 타고나므로 누군가가 더 큰 삶을 향해 움직이기 시작하면 그에게 달라붙는 것들이 더 많아지면서 욕망의 영향력도 배가 된다. 그날 할 수 있는 것은 모두 그날 하고 매번 효율적인 방식으로 하라.

성공적인 행동은 결과적으로 누적적이라는 사실을 잊지 마라. 즉, 모든 사물이 좀 더 충만한 삶에 대한 욕구를 타고나므로 누군가가 더 큰 삶을 향해 움직이기 시작하면 그에게 달라붙는 것들이 더 많아지면서 욕망의 영향력도 배가 된다. 그날 할 수 있는 것은 모두 그날 하고 매번 효율적인 방식으로 하라.

아무리 사소하고 보잘것없는 일을 하더라도 반드시 비전을 가지라는 말은 비전의 아주 세부적인 것들까지 늘 분명하게 하고 있어야 한다는 뜻은 아니다. 상상력을 동원하여 비전을 세부적으로 그려보고 그 비전을 곱씹어 마음속에 확실히 자리 잡게 하는 일은 여가시간에 해보는 일이다. 만약 신속한 결과를 원한다면 거의 모든 여가시간을 비전을 그리는 일에 사용하라.

끊임없이 이미지 훈련을 하면 자신이 원하는 것의 이미지가 형성되고 매우 세밀한 부분까지, 마음속에 아주 확고히 각인되며 무형의 근원물질의 마음에까지 완벽하게 전달된다. 그러면 일하는 시간에 마음속으로 단지 그 이미지를 떠올리기만 해도 신념과 목적의식이 자극을 받아 엄청난 힘이 솟게 된다. 여가시간에는 이미지 훈련을 계속하라. 이미지가 의식을 가득 채워 언제라도 그 이미지를 끌어낼 수 있게 될 때까지 그렇게 하라. 이미지가 주는 밝은 약속에 크게 고무된 당신은 이제 이미지를 떠올리기만 해도 당신이 갖고 있는 가장 강력한 에너지를 뿜어낼 수 있게 될 것이다.

성공의 원칙들을 한 번 더 정리해보자. 마지막 원칙을 조금만 바꾸면 우리가 이 장에서 도달한 결론에 이르게 된다.

다른 모든 것의 근원이 되는 생각하는 근원물질이 있다. 이것은 그 원초적인 형상으로 우주의 모든 공간에 침투하여 퍼져 있고 채워져 있다.

이 생각하는 근원물질이 생각을 하면 그 생각의 이미지대로 형상이 창조된다. 사람은 형상을 생각할 수 있으며 그가 생각한 형상을 무형의 근원물질에 작용시켜 그가 창조하고자 생각했던 것을 만들어낼 수 있다.

이렇게 하기 위해서는 경쟁에서 창조로 옮아가야 한다. 마음속에 원하는 것에 관한 분명한 이미지를 형성하고, 신념과 목적의식을 가지고, 매일 할 수 있는 것들은 다 하되, 모두 효율적인 방법으로 하라.

제13장

진실로 원하는 일을 하라

어떤 분야에서든 성공하려면 일단은 그 분야에서 필요한 재능을 습득해 최상의 상태로 갈고닦아둬야 한다.

뛰어난 음악적 재능이 없는 사람은 음악 교사로 성공할 수 없다. 훌륭한 기계적 재능이 없는 사람은 기계 관련 분야에서 크게 성공할 수 없다. 상업적 재능과 재주가 없이는 누구도 상거래 분야에서 성공할 수 없다. 그러나 어떤 특정 직업 분야에서 필요로 하는 재능을 아주 잘 갈고닦아 간직하고 있다 해도 부의 획득이 보장되는 것은 아니다. 탁월한 재능을 가졌으나 여전히 가난에서 벗어나지 못하는 음악가들이 있다. 뛰어난 기계적 재능은 가졌으나 부자가 되지는 못했던 대장장이, 목수 등도 많다. 사람들을 다루는 데 훌륭한 재능이 있음에도 실패한 상인들도 있다.

각각의 재능은 도구다. 훌륭한 도구를 구비하는 것은 필수적이지만 그 도구를 올바른 방식으로 사용하는 것 역시 필수적이다. 어떤 사람은 예리한 톱, 직각자, 양질의 대패 등을 가지고 근사한 가구를 만들 수 있다. 그러나 똑같은 도구들을 가지고도 똑같은 가구를 만들라고 해도 어떤 사람은 형편없는 작품을 내놓는다. 연장을 제대로 사용할 줄을 모르는 것이다.

우리가 갖고 있는 다양한 재능은 부자가 되기 위해 일을 할 때 쓸 도구다. 도구를 잘 갖추고 있는 분야에서 일을 한다면 성공하기가 더 쉬울 것이다.

일반적으로 자신이 갖고 있는 가장 뛰어난 능력을 사용하는 분야, 즉 천성적으로 가장 강점이 있는 분야에서 최상의 성과를 올릴 수 있다. 하지만 이 말에도 한계는 있다. 즉, 천직이란 타고난 재능에 의해서 정해지는 것이며 고정불변이라 믿어서는 안 된다.

어느 분야에서나 부자가 될 수 있다. 적합한 재능이 없다면 계발하면 되기 때문이다. 즉, 타고난 재능의 테두리 안에 자신을 한정하기보다는 살아가면서 재능을 계발해야 한다는 뜻이다. 이미 잘 발달된 재능을 갖고 있다면 그 재능이 적합한 분야에서 성공하는 것이 좀 더 쉬울 것이다. 하지만 당신은 어느 직업에서나 성공할 수 있는데 초보적인 재능은 어느 분야에서나 계발할 수 있기 때문이다. 인간은 어느 분야에서건 가장 초보적인 재능은 가지고 있는 것이다.

노력의 측면에서 보면 가장 재능이 있는 분야에서 일을 할 때 가장 쉽게 부자가 될 수 있을 것이다. 그러나 만족도의 측면에서 보면 가장 하고 싶은 일을 해서 부자가 될 때가 가장 만족스럽다.

하고 싶은 일을 하며 사는 게 인생이다. 하기 싫은 일을 영원히 해야 하고, 하고 싶은 일은 결코 할 수 없는 인생에는 진정한 만족이 있을 수 없다. 그런데 하고 싶은 일이라면 결국 할 수 있다는 것은 틀림없는 사실이다. 하고자 하는 욕망을 갖고 있다는 것 자체가 그것을 할 능력이 있다는 증거이기 때문이다.

욕망이란 능력의 표현이다.

음악을 연주하고 싶은 욕망이 바로 음악을 연주할 수 있게 하는 힘이다. 이 힘은 표현하고 발전하고 싶어 한다. 기계 장치를 발명하고자 하는 욕망이 바로 기계적 재능으로 이 재능 역시 표현하고 발전하고 싶어 한다.

발전된 상태든 미숙한 상태든 어떤 일을 할 수 있는 재능이 전혀 없다면 그 일을 하고자 하는 욕망도 전혀 생기지 않는다. 어떤 일을 하려는 강렬한 욕망이 있다면 그것은 그 일을 할 강력한 재능이 있다는 확실한 증거로, 이제 필요한 것은 그 재능을 계발하고 올바른 방법으로 사용하는 것이다.

다른 모든 조건이 동일하다면, 자신이 가장 뛰어난 재능을 보이는 분야의 일을 고르는 것이 최선이다. 그러나 어떤 특정한 일에 종사하고 싶은 강렬한 욕망이 있다면 그 일을 당신의 궁극적 목표로 삼아라.

당신은 하고 싶은 것을 할 수 있다. 그러므로 가장 적성에 맞고 즐거운 일에 종사하는 것은 당신의 권리이자 특권이다.

당신은 하고 싶지 않은 일을 할 의무가 없으며, 하고 싶은 일을 얻기 위한 징검다리로써가 아니라면 해서도 안 된다.

과거의 실수로 바라지 않는 업종이나 환경에 처하게 됐다면 당분간은 싫더라도 그 일을 계속해야 할 수도 있다. 그러나 그 싫은 일을 하는 것이 원하는 일을 얻기 위한 과정이라는 것을 깨닫는다면 싫은 일도 유쾌한 일이 될 수 있다.

당신과 맞지 않는 일에 종사하고 있다는 느낌이 든다 해도 너무 성급하게 다른 일을 찾지 마라. 일반적으로 일이나 환경은 성장을 통해 바꾸는 게 가장 좋다.

기회가 온다면, 그리고 심사숙고한 끝에 그 기회가 올바른 기회라는 느낌이 든다면 갑작스럽고 급격한 변화를 두려워하지 마라. 그러나 변화를 시도하는 게 잘하는 것인지 의구심이 든다면 결코 성급한 행동을 하지 마라. 창조 단계에서는 서두를 필요가 전혀 없다. 기회가 부족해지는 경우는 없기 때문이다.

경쟁에서 벗어나면, 성급하게 행동할 필요가 전혀 없다는 것을 이해하게 될 것이다. 당신이 원하는 것을 두고 당신과 경쟁을 벌일 사람은 아무도 없다. 모두에게 다 돌아갈 만큼 충분히 많기 때문이다. 어떤 분야를 남이 먼저 차지한다 해도 조금 더 있으면 더 나은 분야가 당신의 차례로 돌아올 것이다. 시간은 충분하다. 의구심이 들면 기다려라. 이미지 훈련으로 돌아가라. 신념과 목적의식을 더욱 확고히 하라. 의심이 들고 결단을 내릴 수 없는 시기에는 감사하는 마음을 길러라. 바라는 것의 이미지를 생각하고, 그에 대해 진심으로 감사하며 하루나 이틀을 보내라. 그러면 신의 마음과 당신의 마음이 밀접하게 연관되어 행동을 하는 데 있어 실수가 없을 것이다.

존재하는 모든 것에 대해 알고 있는 정신이 있다. 깊은 감사의 마음을 갖고, 삶에서 진보하려는 신념과 목적을 가지면 이 정신과 하나가 될 수 있다.

실수는 성급하게 행동하거나 의심과 두려움을 품고 행동하거나 올바른 동기를 잊고 행동하는 데서 생긴다(올바른 동기란 모두에게 더 많은 삶을 주자는 것이다).

특정방식대로 계속해나가는 사람에게는 점점 더 많은 기회가 찾아올 것이다. 이런 사람은 신념과 목적의식을 확고히 견지하고 진심 어린 감사를 통해 신의 마음과 하나 됨을 계속 유지할 필요가 있다.

할 수 있는 모든 것을 매일매일 완벽하게 하라. 그러나 서두르거나 걱정하거나 두려워하지 말고 하라. 가능한 한 빨리 하라. 그러나 결코 서두르지 마라.

서두르는 순간, 창조자가 아니라 경쟁자가 되고 만다는 것을 잊지 마라. 낡은 방식으로 후퇴하게 되는 것이다.

자신이 서두르고 있다는 것을 깨달을 때마다 멈춰라. 마음속에 있는 원하는 것의 이미지에 주의를 집중하고 그것을 획득해가고 있음에 감사하라. 감사하는 훈련을 하면 신념도 강화되고 목적의식도 새롭게 될 것이다.

발전하는 느낌

직업을 바꿀 생각이든 아니든 현재 당신의 행동은 당신이 몸담고 있는 직업과 관련된 것이라야 한다.

현재의 직업을 생산적으로 이용함으로써 원하는 직업으로 갈아탈 수 있다. 이는 매일의 일을 특정방식대로 하는 것을 말한다.

그리고 현재 하는 일이 사람을 직접(혹은 글을 통해) 상대하는 일이라면 상대하는 사람들에게 발전하고 있다는 느낌을 전달하는 데 모든 노력을 쏟아부어야 한다. 발전은 모든 사람이 갈구하는 것이다. 좀 더 풍부한 자기표현을 추구하는 것은 모든 사람에 깃들어 있는 무형의 근원물질의 충동이기 때문이다.

자연에 존재하는 모든 것이 발전을 원한다. 이 갈망은 우주에 내재되어 있는 근본적인 충동인 것이다. 인간의 모든 행동은 진보하고자 하는 갈망에 그 뿌리를 두고 있어서 더 많은 음식, 더 많은 옷, 더 나은 집, 더 많은 사치품, 더 뛰어난 아름다움, 더 많은 지식, 더 많은 즐거움을 추구한다 – 발전, 즉 더욱 충만한 삶을 갈구하는 것이다.

살아 있는 것은 모두 이처럼 끊임없는 진보(발전)를 속성으로 한다. 삶의 발전이 멈추는 시점이 바로 해체와 죽음이 동시에 찾아오는 시점이다.

인간은 본능적으로 이것을 알기 때문에 끊임없이 더 많은 것을 추구한다. 이와 같은 영원한 확장의 법칙은 예수에 의해 달란트의 비유*로 정식화되었다. 즉, 더 많이 성취하는 자만이 가진 것을 유지할 수 있으며 그렇지 못한 자는 지금 가지고 있는 것마저 빼앗길 것이라는 것이다.

---

* 달란트의 비유

어떤 사람이 집을 떠나 여행을 가게 되어, 그 종들을 불러 자기 소유물을 맡기게 되었다. 그는 각자의 재능에 따라 한 종에게는 금 다섯 달란트를, 다른 하나에게는 두 달란트를, 다른 하나에게는 한 달란트를 맡기고 떠났다. 다섯 달란트를 받은 종은 바로 가서 그것으로 장사를 하여 추가로 다섯 달란트를 남기고, 두 달란트를 받은 종도 그같이 하여 추가로 두 달란트를 남겼으나, 한 달란트를 받은 자는 가서 땅을 파고 그 주인의 돈을 감추어두었다. 오랜 후에 그 종들의 주인이 돌아와 종들과 회계를 하게 되었다. 다섯 달란트를 받았던 자는 다섯 달란트를 더 가지고 와서 말했다. "주인님, 제게 다섯 달란트를 주셨는데, 보십시오. 제가 다섯 달란트를 추가로 남겼습니다." 그 주인이 말했다. "잘하였다. 착하고 충성된 종아, 네가 작은 액수의 돈도 잘 관리하였으므로 이제 내가 많은 액수를 네게 맡길 것이다. 이리 와서 나와 함께 행복을 누리자." 두 달란트를 받았던 종도 와서 말했다. "주인님, 제게 두 달란트를 주셨는데, 보십시오. 제가 또 두 달란트를 추가로 남겼습니다." 그 주인이 말했다. "잘하였다. 착하고 충성된 네가 작은 액수의 돈도 잘 관리하였으므로 부를 늘리려는 정상적인 욕망은 사악하거나 비난받을 만한 것이 아니다. 그러한 욕망은 단순히 좀 더 충만한 삶에 대한 욕망이며 성취욕인 것이다.

이러한 욕망은 인간 본성의 가장 밑바탕을 이루기 때문에 남녀를 막론하고 사람들은 자신에게 더 많은 삶의 수단을 주는 상대에게 매혹된다.

앞에서 말한 특정방식을 따르면 자신을 끊임없이 향상시킬 수 있으며, 상대하는 다른 모든 사람 역시 그 향상에 전염된다.

당신은 창조력의 중심이며 그 창조력이 다른 모든 사람에게 전파되는 것이다. 이 점에 확신을 가지고 남녀노소를 막론하고 접촉하는 모든 사람에게 당신의 확신을 전하라. 그 전파가 아무리 미약하다고 해도, 조그마한 꼬마에게 사탕 하나를 파는 일이라고 해도, 그 행위의 향상에 대한 생각을 담아라. 그래서 당신의 생각이

이제 내가 많은 액수를 너에게 맡길 것이다. 이리 와서 나와 함께 행복을 누리자." 한 달란트를 받았던 종도 와서 말했다. "주인님께서는 굳은 사람이라. 심지 않은 데서 거두고 뿌리지 않은 데서 모으는 줄을 내가 알았으므로, 두려워하여 나가서 당신의 달란트를 땅에 감추어두었습니다. 보십시오. 여기 당신의 것을 받으십시오." 그 주인이 말했다. "이 악하고 게으른 종아, 나는 심지 않은 데서 거두고 뿌리지도 않은 데서 모으는 줄로 네가 알았느냐? 그러면 네가 마땅히 내 돈을 대금업자에게 맡겼다가, 내가 돌아왔을 때 본전과 이자를 받게 했어야 할 것이다. 저자에게서 그 한 달란트를 빼앗아 열 달란트 가진 자에게 주어라. 무릇 있는 자는 받아 풍족하게 되고, 없는 자는 그 있는 것까지 빼앗기리라. 이 쓸모없는 종을 바깥 어두운 데로 내어 쫓으라. 거기서 슬피 울며 이를 갈게 하라."

그 꼬마 고객에게 깊은 인상을 주게 하라.

당신이 하는 모든 일에 향상의 인상을 심어 전달하라. 그러면 모든 사람이 당신은 발전하는 사람, 접촉하는 모든 사람을 향상시키는 사람이라는 인상을 갖게 될 것이다. 심지어 아무런 사업적 의도가 없이, 뭘 팔려는 생각이 없이 그저 사교적인 모임에서 만나는 사람들에게도, 향상의 아이디어를 전하라.

스스로 향상의 길을 가고 있다는 굳은 신념을 갖고, 신념에서 우러나는 행동, 신념으로 가득 찬 행동을 보임으로써 이러한 향상의 느낌을 전달할 수 있다. 당신 자신이 발전하는 사람이며, 남들도 발전하게 만드는 사람이라는 굳은 신념을 가지고 모든 일에 임하라.

자신이 부자가 되어가고 있으며 그럼으로써 다른 사람들도 부자로 만들고 있고, 그 혜택이 모든 사람에게 돌아가고 있다고 느껴봐라. 자신이 거둔 성공을 자랑하거나 뽐내거나 그에 대해 쓸데없이 이야기하지 마라. 진실한 신념이란 자만하지 않는 것이다.

자만하는 자는 사실 마음속으로 의심하고 두려워하고 있는 자다. 신념을 가슴으로 품어라. 그래야 어떤 거래를 하든 그 신념이 전달되어 당신의 행동, 목소리, 표정 하나하나에 당신이 부를 축적하고 있으며 이미 부자라는 확신이 어리게 된다. 이런 신념을 다른 사람들에게 전달하는 데 말은 필요하지 않다. 사람들은 당신을 만나면 발전한다는 느낌을 받을 것이고 그래서 당신에게 매혹될 것이다.

이처럼 발전하는 인상을 심어줘서 사람들에게 당신과 거래하기만 해도 발전할 것이라는 느낌을 갖게 하라. 그러면서 사람들에게서 받은 현금가치 이상의 사용가치를 반드시 돌려줘라.

자긍심을 가지고 그렇게 하면서 사람들이 이를 알게 하라. 그러면 고객이 부족하게 되는 일은 결코 일어나지 않을 것이다. 사람들은 발전을 경험하는 곳으로 모이기 마련이다. 전지전능한 신은 모든 만물이 발전하기를 바라기 때문에 이런 당신에게 사람들을 (이들은 당신의 이름조차 들어본 적이 없다) 보낼 것이다. 사업은 빠르게 번창하고 당신은 수중으로 들어오는 예상치 못했던 수익에 놀라게 될 것이다. 매일매일 사업규모가 커지면서 더 많은 이윤이 확보될 것이고 이제는 원하기만 한다면 좀 더 유쾌한 직업으로 전직을 할 수도 있게 될 것이다. 그러나 이 모든 것을 함에 있어 원하는 것에 대한 비전, 즉 원하는 것을 갖고야 말겠다는 신념과 목적을 잊어서는 결코 안 된다.

이쯤 해서 동기부여에 관하여 당부의 말을 한마디 더 하고자 한다. 다른 사람을 지배하고자 하는 유혹이 은연중에 생기는 것을 조심하라.

정신적인 발달 및 형성이 미숙한 사람에게 있어서 다른 사람들을 지배하고 군림하는 것만큼이나 즐거운 일은 없다. 그러나 사리사욕을 위한 지배 욕망은 다른 사람들에게는 저주일 뿐이다. 수많은 시대에 걸쳐 왕과 군주들은 자신의 지배력을 넓히기 위해 전쟁을 벌이고 대지를 피로 물들였다. 이런 욕망은 모든 사람이 좀 더 나은 삶을 살게 하기 위한 것이 아니라 자신의 세력을 키우려는 노력에 불과하다.

오늘날 기업이나 산업계의 주요 동기도 마찬가지다. 엄청난 자금을 동원하여 다른 사람들을 지배하려는 쟁탈전을 벌인다. 과거와 달라진 게 없는 이러한 정신 나간 짓으로 수백만 명의 삶과 영혼이 황폐화된다. 정치적인 제왕과 마찬가지로 상업적인 제왕도 권력을 향한 욕망에 사로잡혀 있다.

예수는 세상을 사악하게 만드는 원인이 바로 지배욕에 있음을 간파하고 이를 뒤엎고자 하였다. 마태복음 23장을 읽어보라. 주인님이라 불리고, 높은 자리에 앉아 다른 사람들을 지배하며 힘없는 사람들의 등에 무거운 짐을 지우는 바리새인들의 탐욕을 예수가 어떻게 묘사하는지 보라. 예수가 지배욕을 (형제애를 가지고) 공익을 추구하는 것과 어떻게 비교하는지 보라. 예수가 열두 제자들에게 설파한 것은 바로 공익이었다.

권력에 대한 유혹, 주인이 되고자 하는 유혹, 다른 사람들의 위에 군림하며 호화로운 모습을 보이고 싶은 유혹을 경계하라.

지배욕은 경쟁의 마음이다. 이러한 경쟁 정신은 창의적인 것이 아니다. 자신의 환경과 운명을 지배하기 위해서 같은 인간들을 지배할 필요는 전혀 없다. 권세를 얻으려는 세속적인 투쟁에 말려드는 순간이 사실은 운명과 환경에 의해 정복되기 시작하는 순간이며 부를 얻는 것이 순전히 운과 투기의 문제가 되는 순간이다.

경쟁심을 경계하라. 톨레도의 故 황금률 존스[2]가 즐겨 쓰던 "다른 사람들도 내가 갖고 싶은 것을 갖게 됐으면 좋겠다"만큼 창조 행위의 원칙을 잘 표현한 말도 찾아보기 어렵다.

---

2) 새뮤얼 밀턴 존스는, '황금률 존스'라고도 불렸으며 1846에서 1904년까지 살았다. 1897년에서 1904년까지 오하이오 톨레도의 시장을 지냈으며 재임 중 사망했다. 톨레도 시장 당시 황금률을 주장하여 유명해졌으며 이후 황금률은 그의 별명이 되었다(출처: 위키피디아 인터넷무료백과사전).

제15장

발전하는 인간

앞 장의 내용은 상업 종사자뿐만 아니라 급료를 받는 사람이나 전문직 종사자에게도 똑같이 적용된다.

직업이 의사이건, 교사이건, 성직자이건 상관없이 다른 사람들의 삶을 발전시킬 수만 있다면, 그래서 사람들이 그 사실을 느끼게 된다면 그들은 당신에게 매혹될 것이며 당신은 부자가 될 것이다. 여태까지 말했던 것처럼 자신이 훌륭하고 성공적인 의사라는 믿음하에 신념을 갖고 그 목적의 실현을 위해 매진하는 의사는 신의 섭리에 매우 가깝게 접근하고 있기 때문에 경이적인 성공을 거둘 것이다. 환자들이 엄청나게 몰려들 것이기 때문이다.

이 책의 가르침을 실행에 옮김에 있어 의료를 행하는 사람들보다 더 유리한 사람들은 없다. 어떤 의료학파인지는 상관없다. 질병

치료라는 원칙은 모든 학파에 공통적이며 어떤 학파든 실천할 수 있기 때문이다. 의료 분야에서, 성공하고야 말겠다는 분명한 비전을 마음에 품고 신념, 목적의식, 감사의 법칙에 충실한 사람은 발전할 것이며, 어떤 치료법을 사용하든, 완치 가능성이 있는 환자는 모두 다 완치시키게 될 것이다.

종교 분야의 경우, 부자가 되는 진정한 과학적 방법을 신도들에게 가르칠 수 있는 성직자가 절실하다. 부자가 되는 과학적인 방법뿐만 아니라, 건강해지고, 위대해지고, 사랑을 얻을 수 있는 과학적 방법을 종합적이고 자세히 터득하고 이를 연단에 서서 구체적으로 설파할 수 있는 사람의 앞은 늘 신도들로 북적댈 것이다. 이것이 바로 세상이 필요로 하는 복음이기 때문이다. 이러한 설교는 삶을 발전시키므로 사람들은 이를 기꺼이 들으며 설교자에게 아낌없는 지지를 보낼 것이다.

이제 필요한 것은 연단에서 삶의 과학을 시연해 보이는 것이다. 사람들이 원하는 설교자는 부자가 되는 과학적 방법을 말로만 설파하는 사람이 아니라 그 자신이 직접 실천으로 보여주는 설교자다. 자신이 실제로 부자이고, 건강하고, 훌륭하고, 사랑을 받으며 어떻게 하면 그렇게 될 수 있는지를 보여줄 설교자가 필요한 것이다. 그런 사람이 나타난다면 수많은 사람이 진심으로 그를 따를 것이다.

발전하는 삶에 대한 신념과 목적의식을 아이들에게 불어넣어줄 수 있는 교사 역시 마찬가지다. 이런 교사는 직장에서 쫓겨날 리가 결코 없다. 그리고 이러한 신념과 목적의식을 갖추고 있는 교사라면 누구나 자신의 신념과 목적의식을 학생들에게 전해줄 수 있다. 교사가 자신의 신념과 목적의식을 삶의 일부로 늘 실천하고 있다면 그렇게 되지 않으려야 않을 수가 없다.

이는 교사와 설교자, 의사뿐만 아니라 법률가, 치과의사, 부동산 중개업자, 보험대리인 등 누구에게나 다 마찬가지다.

지금까지 설명한 대로 태도와 실천이 결합하게 되면 그 결과는 분명하다. 결코 실패할 수가 없는 것이다. 여기 제시된 지침들을 끊임없이, 인내심을 가지고, 하나하나 그대로 수행하는 사람들은 모두가 부자가 될 것이다. 삶의 향상의 법칙은 중력의 법칙만큼이나 수학적으로 정확하게 작동한다. 그러므로 부자가 되는 것은 틀림없이 과학이다.

봉급생활자들 역시 위에서 언급된 다른 직종의 사람들과 마찬가지임을 알게 될 것이다. 뚜렷하게 발전의 기회가 보이지 않는 직장, 임금은 적고 생활비는 많이 들어가는 지역에서 일하고 있기 때문에 부자가 될 기회가 없는 것 아니냐는 생각은 하지 마라. 원하는 것에 관한 뚜렷한 비전을 형성하라. 그 후 신념과 목적의식을 가지고 행동에 임하라.

그날 할 수 있는 일은 모두 그날 하라. 매일 그렇게 하라. 각각의 일을 완벽하게 완수하라. 즉, 성공의 힘과 부자가 되겠다는 목적의식을 가지고 모든 일을 하라.

하지만 단지 고용주나 상관에게 잘 보이겠다는 생각으로, 그들이 당신이 일을 잘한다는 것을 알고 당신을 승진시켜 줄 것이라는 기대를 가지고 이것을 실천하지는 마라. 고용주나 상관이 그렇게 해줄 가능성은 낮다.

그저 일을 잘하는 사람, 최선을 다해서 자기 직책의 임무를 완수하는 사람, 그리고 그것에 만족하는 사람은 고용주의 입장에서 봤을 때 가치 있는 사람이긴 하지만 승진 대상자로 고려되는 사람은 아니다. 그런 사람은 현재의 직책에 더 어울리는 사람이기 때문이다.

확실히 승진하기 위해서는 직책이 요구하는 것보다 더 큰 능력을 갖고 있는 것만으로는 부족하다. 확실히 승진하는 사람은 직책이 요구하는 것보다 더 큰 능력을 갖고 있는 동시에 원하는 것에 대한 분명한 비전이 있고, 원하는 것이 될 수 있음을 깨닫고 있으며 원하는 것이 기필코 되고야 말겠다는 결심이 있는 사람이다.

현재 맡은 직책 이상의 일을 할 때, 고용주를 기쁘게 하기 위해 그렇게 하지는 마라. 자신을 발전시키겠다는 마음으로 그렇게 하라. 일하는 동안에도 일이 끝난 후에도 일하기 전에도 항상 발전에 대한 신념과 목적의식을 견지하라. 그래서 상사이건, 동료이건, 아는 사람이건 간에 당신이 만나는 모든 사람이 당신으로부터 발산되는 집념의 힘과 발전, 향상을 느낄 수 있게 하라. 사람들은 그런 당신에게 매혹될 것이며, 이렇게 되면 설령 현 직장에서 승진의 기회가 보이지 않는다고 해도 조만간 다른 일을 얻을 기회가 찾아올 것이다.

신은 특정방식에 따라 움직이면서 발전하는 사람에게는 기회를 주지 않으려야 않을 수가 없다. 신은 당신을 돕지 않을 수 없다. 당신이 특정방식대로 행동하는 한 신은 신 자신을 위해서라도 당신을 도와야 하기 때문이다.

환경이나 업계의 형편 따위는 결코 당신을 얽매어둘 수 없다. 만약 철강업체에서 일을 해서 부자가 될 수 없다면 10에이커 크기의 농장에서 일을 해서 부자가 될 수 있다. 당신이 특정방식에 따라 움직이기 시작한다면 분명히 철강업체의 족쇄에서 벗어나 농장이건 어디건 원하는 곳으로 가게 될 것이다.

철강업체의 종업원 수천 명이 특정방식으로 행동하기 시작한다면 그 업체는 곧 심각한 곤경에 처하게 될 것이다. 종업원들에게 더 나은 기회를 주거나 아니면 사업을 접어야 하기 때문이다. 철강업체에서 일하는 것은 강제적인 의무가 아니다. 따라서 이제 희망이 없는 철강업체에는 너무 무지해서 부자가 되는 과학적 방법에 대해 모르거나 알더라도 정신적으로 나태해서 이를 실천에 옮기지 못하는 사람들만 남게 될 것이다.

여태까지 말한 방식대로 생각하고 행동하기 시작하라. 확고한 신념과 목적의식은 감각을 예리하게 만들어, 상황을 호전시킬 기회를 재빨리 포착하게 해줄 것이다.

기회들은 빠르게 다가올 것이다. 신이란 만물에 깃들어 있고 당신을 위해서도 일하므로 이런 기회들을 가져다주는 것이다.

기회가 100% 당신이 원하는 모습 그대로 올 때까지 기다리지 마라. 현재의 당신보다 좀 더 나아질 수 있는 기회가 찾아왔고 그 기회에 마음이 쏠린다면 잡아라. 좀 더 커다란 기회를 향한 첫걸음이 될 것이다.

삶이 발전하는데 기회가 찾아오지 않는다는 것은 결코 있을 수 없는 일이다. 모든 것은 발전하는 사람을 위해 존재하며 발전하는 자의 이익 실현을 위해 작용한다. 이것은 우주의 선천적인 성질이다. 따라서 특정방식대로 생각하고 행동한다면 반드시 부자가 되는 것이다. 그러므로 봉급생활자 모두가 이 책을 열심히 공부하게 하고, 신념을 가지고 책의 지침을 따르게 하자. 실패란 없다.

제16장

주의사항과 결론

부자가 되는 과학적인 방법이 있다고 말하면 비웃는 사람들이 많을 것이다. 부는 공급이 고정되어 있다는 선입견을 갖고 있는 사람들이기 때문에 이런 사람들은 사회와 정부의 제도가 바뀌어야 비로소 제법 많은 사람이 부를 획득할 수 있다고 주장한다. 그러나 이들의 주장은 사실이 아니다.

기존의 정부들이 대중을 궁핍한 상태에 내버려두고 있다는 것은 사실이다. 그러나 대중이 가난한 진짜 이유는 특정방식대로 생각하고 행동하지 않기 때문이다.

대중이 이 책의 지침대로 발전하기 시작하면, 정부건 산업 시스템이건 그 발전을 막을 수가 없다. 모든 시스템이 이 발전을 수용하기 위해 수정되어야만 하는 것이다. 대중이 발전 정신을 가지고 있다면, 부자가 될 수 있다는 신념이 있다면, 그래서 부자가 되겠다는 확고한 목적의식을 가지고 앞으로 나아간다면 그 어떤 것도 이들을 가난에 얽매어둘 수 없다.

언제든지, 어떤 정부 체제하에서든지 누구나 특정방식대로 생각하고 행동할 수 있으며, 그래서 스스로 부자가 될 수 있다. 상당수의 사람이 이렇게 하면 그 때문에 정부 체제에도 변화가 일어나 다른 사람들에게도 길이 열리게 된다.

경쟁 상태에서는 부자가 되는 사람들이 많아질수록 다른 사람들의 상황은 더 나빠지지만 창조 상태에서는 부자가 되는 사람들이 많아질수록 다른 사람들의 상황도 좋아진다.

대중을 경제적으로 구원하는 유일한 방법은 수많은 사람이 이 책에 기술된 과학적 방법을 실천하게 해서 부자가 되게 하는 것뿐이다. 그럼 이것이 본보기가 되어 다른 사람들도 진정한 삶을 살고자 하는 욕망, 진정한 삶은 성취될 수 있다는 신념, 진정한 삶을 성취하고야 말겠다는 목적의식으로 불타오르게 될 것이다.

그러나 현재로서는 정부 체제나 자본주의적 (즉, 경쟁적) 산업 체제 같은 것들 때문에 부자가 되지 못하는 것이 아니라는 것을 아는 것만으로도 충분하다. 창조적으로 생각하기 시작하면 이 모든 것의 영향력에서 벗어나 완전히 새로운 세계에 들어서게 되는 것이다.

그러나 한순간이라도 창조 마인드를 놓쳐서는 결코 안 된다는 것을 명심하라. 공급이 제한되어 있다는 생각이나 경쟁 마인드에서 비롯된 행동을 단 한순간이라도 해서는 안 된다.

　　경쟁이라는 낡은 사고방식에 빠져들 때마다 즉각 자신을 바로잡아라. 경쟁 마인드에 빠져들게 되면 '전체를 살피는 신의 마음'과의 교감을 잃게 되기 때문이다.

　　장차 일어날지 모를 긴급 상황에 대비한 계획을 세우는 데 시간을 쓰지 마라(미래에 대비한 계획이 오늘의 행동에 영향을 미칠 수 있기 때문에 불가피한 경우만 예외다). 오늘 할 일을 완벽하게 완수해내는 데에만 신경을 써라. 내일 일어날 수도 있는 위급상황에는 신경 쓰지 마라. 그건 그때 가서 처리하면 된다.

　　장애물이 분명하게 보여서 이를 피하기 위해 현재의 노선을 수정해야 된다는 것이 명백한 경우가 아니라면, 미래에 혹시 생길지도 모를 장애물을 어떻게 극복할 것인지를 생각하느라 머리를 어지럽히지 마라. 먼발치에서 보기에 아무리 엄청나게 보이는 장애물이라도, 특정방식대로 행동해온 사람이라면 막상 그 장애물에 가까이 다가갔을 때 장애물이 사라져버리거나, 장애물을 넘거나 우회할 길이 나타난다는 것을 알게 될 것이다.

　　아무리 복합적인 장애도 철두철미하게 과학적인 방법을 따라 부자가 되기 위해 매진하는 사람의 앞길을 막을 수는 없다. 부자가 되는 과학적인 방법을 지키는 사람이 가난에서 헤어나지 못하는 일은 절대 없다. 이것은 마치 2×2는 반드시 4가 되는 것과 마찬가지다.

있을지도 모를 재난, 장애, 두려움 때문에 혹은 상황이 복잡하게 뒤엉킬지도 모른다는 걱정 때문에 마음 졸이지 마라. 막상 이런 문제들이 나타났을 때 대처할 시간은 충분하다. 또한 어려움이 생길 때는 언제든지 그 어려움을 극복할 수단도 함께 나타난다는 것을 알게 될 것이다.

말을 조심하라. 당신 자신, 당신에 관계된 일 및 그 밖의 어떤 것에 대해서도 비관하지 말 것이며 비관적인 말도 하지 마라.

실패의 가능성을 결코 받아들이지 마라. 또한 실패를 염두에 둔 말도 결코 하지 마라.

어려운 때라거나 사업 상황이 불확실하다는 식으로 말하지 마라. 경쟁 상태에 머무르는 사람에게는 때가 어려울 수 있고 사업 상황이 불확실할 수도 있다. 그러나 이런 것들은 창조 상태에 들어선 사람에게는 결코 있을 수 없는 일들이다. 당신은 원하는 것은 무엇이든 창조할 수 있다. 당신은 두려움을 초월한 존재다. 다른 사람들은 어려운 시기를 겪고 사업이 안 풀릴 때에도 당신은 생애 최대의 기회들을 발견하게 될 것이다.

세상을 형성되어 가는 것, 자라나는 것으로 생각하고 파악하도록 하는 훈련을 하라. 마찬가지로 사악해 보이는 것은 덜 발달된 것으로 간주하도록 하는 훈련을 하라. 항상 발전의 관점에서 이야기하라. 그렇게 하지 못하는 것은 신념을 부정하는 것이며 신념을 부정하는 것은 곧 신념을 잃는 것을 의미한다.

결코 실망하지 마라. 어떤 시기에 뭔가를 얻게 될 것으로 기대했다가 막상 그때가 돼서도 바라던 것을 얻지 못하게 되는 때가 있다. 이렇게 되면 실패한 것처럼 느껴지게 될 것이다. 그러나 신념을 굳건히 하면 실패란 그저 겉보기에만 그렇다는 것을 알게 될 것이다.

혹시 원하던 것을 얻지 못하게 되더라도 특정방식대로 매진하면 나중에는 훨씬 더 좋은 것을 얻게 될 것이기 때문에 실패처럼 보였던 것이 사실은 더 위대한 성공이었다는 것을 알게 될 것이다.

부자가 되는 과학적 방법을 배운 사람이 어떤 시기에 아주 그럴듯해 보이는 어떤 사업을 하고자 마음을 먹었다고 하자. 그래서 이를 실현시키기 위해 몇 주 동안 열심히 일한다. 결정적인 순간이 다가왔을 때 사업은 도무지 알 수 없는 이유로 실패하고 만다. 마치 보이지 않는 힘이 몰래 훼방을 하지 않았나 싶을 정도다. 그러나 그는 실망하지 않는다. 반대로 그는 자신이 바라던 것이 실현되지 않은 것에 대해 신에게 감사하고 기쁜 마음으로 꾸준히 매진한다. 몇 주 후에, 처음 것은 거저 준다고 해도 거들떠도 안 볼

만큼이나 더 좋은 기회가 그의 앞에 나타난다. 사람의 이성이 도저히 견줄 수 없는 '정신'이 있어서 보잘것없는 것을 잡느라 훨씬 더 좋은 기회를 놓치는 일이 벌어지지 않도록 처음 것에서 실패하게 했다는 것을 그는 안다.

신념을 잃지 않고 목적의식을 굳건히 하며 감사하는 마음을 가지고 매일매일 그날 할 수 있는 일들을 하나하나 성공적으로 완수해낸다면, 언뜻 보기에는 실패한 것처럼 보이는 것들도 이와 같은 방식으로 득이 되어 돌아온다.

혹시라도 실패한다면 너무나 소박한 바람을 품었기 때문이다. 주저앉지 마라. 포기하지만 않으면 원하고 있었던 것보다 훨씬 더 좋은 것이 나타날 것이다.

잊지 마라. 하고 싶은 것을 할 재능이 없어서 실패하는 것이 아니다. 이 책에서 여태까지 말한 대로만 한다면 하고 싶은 것을 하는 데에 필요한 모든 재능이 계발될 것이다. 필요한 재능을 계발하는 과학적 방법은 이 책의 범위를 벗어난다. 그러나 이것 역시 부자가 되는 과학적 방법만큼이나 간단하고 분명하다.

그러나 막상 어떤 지점에 이르렀을 때 능력 부족으로 실패할 것이 두려워서 주저하거나 망설이지 마라. 계속 밀어붙여라. 실제 그 지점에 이르게 되면 필요한 능력이 주어질 것이다. 링컨이 학교 교육을 제대로 받지 못했음에도 그 어떤 대통령보다 더 위대한 업적을 이룰 수 있게 했던 바로 그 능력의 원천이 당신에게도 있다. 맡은 책임을 완수하는 데 필요한 지혜를 얻기 위해 전지전능한 신의 힘을 이용할 수 있는 것이다. 확고한 신념을 가지고 밀어붙여라.

이 책을 공부하라. 책에 담겨 있는 내용을 모두 꿰뚫게 될 때까지는 이 책을 늘 곁에 두어라. 책의 가르침에 대한 믿음이 공고히 형성되고 있는 와중에는 모든 오락과 쾌락을 멀리하고 책의 가르침과 상충되는 내용을 강의하거나 설교하는 곳에도 가지 않는 것이 좋다.

비관적인 글, 책의 가르침과 상충되는 내용의 글을 읽지 말고 그런 내용을 가지고 논쟁에 말려들지도 마라. 서문에 나오는 저자들의 글을 제외한 다른 글은 거의 읽지 마라. 여가 시간의 대부분은 비전을 깊이 생각하고, 감사하는 마음을 북돋우고 이 책을 읽는 데에 써라. 이 책에는 과학적인 방법으로 부자가 되기 위해 알아야 할 모든 내용이 다 들어 있다. 그 가장 기본이 되는 것들을 다음 장에 요약해두었다.

제17장

부자가 되는 과학적 방법의 요약

다른 모든 것의 근원이 되는 생각하는 근원물질이 있다.

이것은 그 원초적인 형상으로 우주의 모든 공간에 침투하여 퍼져 있고 채워져 있다.

이 생각하는 근원물질이 생각을 하면 그 생각의 이미지대로 형상이 창조된다. 사람은 형상을 생각할 수 있으며 그가 생각한 형상을 무형의 근원물질에 작용시켜 그가 창조하고자 생각했던 것을 만들어낼 수 있다.

이렇게 하기 위해서는 경쟁에서 창조로 옮아가야 한다. 그렇지 않으면 '무형의 지혜'와 조화를 이룰 수 없다. '무형의 지혜'는 언제나 창조적이며 근본적으로 결코 경쟁적이지 않다.

주어진 축복에 대해 진실로 지극한 감사의 마음을 갖는 사람은 무형의 근원물질과 완벽한 조화를 이룰 수 있다.

감사하는 마음을 통해 우리의 마음은 근원물질의 마음과 하나가 되며, 우리의 생각이 곧 근원물질의 생각이 된다. 이렇게 언제나 지극한 감사의 마음을 유지하는 사람만이 근원물질의 마음과 하나가 되어 창조단계에 머무를 수 있다.

갖고 싶은 것, 하고 싶은 것, 되고 싶은 것을 마음속에 분명한 이미지로 갖고 있어야 한다. 이 이미지를 마음속으로 확고히 하고 이러한 모든 소망을 갖도록 허락해준 신에게 깊이 감사해야 한다. 부자가 되고자 하는 사람은 자신이 갖고 있는 비전을 항상 생각하고 그 비전이 실현되고 있음을 진실로 감사하며 여가 시간을 보내야 한다. 불굴의 신념과 지극한 감사의 마음을 가지고 마음속의 이미지를 곱씹어보는 것의 중요성은 말로 다 표현할 수 없을 정도다. 마음의 이미지가 무형의 근원물질에 전달되어 창조적인 힘이 작동하게 되는 과정이기 때문이다.

창조적인 에너지는 기존의 자연적인 발달 경로나 산업적·사회적 질서를 통해서 힘을 발휘한다. 불굴의 신념을 가지고 위에서 말한 사항들을 따르는 사람은 자신이 마음속에 가지고 있는 모든 이미지가 실제로 분명히 이뤄질 것이다. 그가 원하는 것들이 기존의 상업 교역 경로를 통해 실현될 것이다.

자기 몫을 놓치지 않기 위해서는 적극적이어야 한다. 적극성이란 자신의 현재 직책에 충실한 것 이상을 의미한다. 마음속의 이미지를 실현함으로써 부자가 되고 말겠다는 목적의식을 잊어서는 절대로 안 된다. 그날 할 수 있는 일은 모두 그날 처리하라. 심혈을 기울여 각각의 일을 성공적으로 완수하라.

거래할 때에는 받은 현금가치 이상의 사용가치를 되돌려줘라. 그래야 각각의 거래가 모두에게 보탬이 된다. 스스로 발전하고 있다는 생각을 확고하게 가져라. 그러면 만나는 모든 사람에게 그 발전의 느낌이 전염될 것이다.

여태까지 말했던 것들을 실행에 옮기는 사람은 분명히 누구나 부자가 될 것이다. 이들이 획득하는 부는 이들이 얼마나 확고한 비전(이미지)을 가지고 있느냐, 얼마나 뚜렷한 목적의식을 가지고 있느냐, 얼마나 불굴의 신념을 가지고 있느냐, 얼마나 깊은 감사의 마음을 가지고 있느냐에 정확하게 비례할 것이다.

This book is pragmatical, not philosophical; a practical manual, not a treatise upon theories. It is intended for the men and women whose most pressing need is for money; who wish to get rich first, and philosophize afterward. It is for those who have, so far, found neither the time, the means, nor the opportunity to go deeply into the study of metaphysics, but who want results and who are willing to take the conclusions of science as a basis for action, without going into all the processes by which those conclusions were reached.

It is expected that the reader will take the fundamental statements upon faith, just as he would take statements concerning a law of electrical action if they were promulgated by a Marconi or an Edison; and, taking the statements upon faith, that he will prove their truth by acting upon them without fear or hesitation.

Every man or woman who does this will certainly get rich; for the science herein applied is an exact science, and failure is impossible. For the benefit, however, of those who wish to investigate philosophical theories and so secure a logical basis for faith, I will here cite certain authorities.

The monistic theory of the universe the theory that One is All, and that All is One; That one Substance manifests itself as the seeming many elements of the material world — is of Hindu origin, and has been gradually winning its way into the thought of the western world for two hundred years. It is the foundation of all the Oriental philosophies, and of those of Descartes, Spinoza, Leibniz, Schopenhauer, Hegel, and Emerson.

The reader who would dig to the philosophical foundations of this is advised to read Hegel and Emerson for himself.

In writing this book I have sacrificed all other considerations to plainness and simplicity of style, so that all might understand. The plan of action laid down herein was deduced from the conclusions of philosophy; it has been thoroughly tested, and bears the supreme test of practical experiment; it works. If you wish to know how the conclusions were arrived at, read the writings of the authors mentioned above; and if you wish to reap the fruits of their philosophies in actual practice, read this book and do exactly as it tells you to do.

The Author

Chapter 1

The Right to be Rich

Whatever may be said in praise of poverty, the fact remains that it is not possible to live a really complete or successful life unless one is rich. No man can rise to his greatest possible height in talent or soul development unless he has plenty of money; for to unfold the soul and to develop talent he must have many things to use, and he cannot have these things unless he has money to buy them with.

A man develops in mind, soul, and body by making use of things, and society is so organized that man must have money in order to become the possessor of things; therefore, the basis of all advancement for man must be the science of getting rich.

The object of all life is development; and every thing that lives has an inalienable right to all the development it is capable of attaining.

Man's right to life means his right to have the free and unrestricted use of all the things which may be necessary to his fullest mental, spiritual, and physical unfoldment; or, in other words, his right to be rich.

In this book, I shall not speak of riches in a figurative way; to be really rich does not mean to be satisfied or contented with a little. No man ought to be satisfied with a little if he is capable of using and enjoying more. The purpose of Nature is the advancement and unfoldment of life; and every man should have all that can contribute to the power; elegance, beauty, and richness of life; to be content with less is sinful.

The man who owns all he wants for the living of all the life he is capable of living is rich; and no man who has not plenty of money can have all he wants. Life has advanced so far, and become so complex, that even the most ordinary man or woman requires a great amount of wealth in order to live in a manner that even approaches completeness.

Every person naturally wants to become all that they are capable of becoming; this desire to realize innate possibilities is inherent in human nature; we cannot help wanting to be all that we can be. Success in life is becoming what you want to be; you can become what you want to be only by making use of things, and you can have the free use of things only as you become rich enough to buy them. To understand the science of getting rich is therefore the most essential of all knowledge.

There is nothing wrong in wanting to get rich. The desire for riches is really the desire for a richer, fuller, and more abundant life; and that desire is praiseworthy. The man who does not desire to live more abundantly is abnormal, and so the man who does not desire to have money enough to buy all he wants is abnormal.

There are three motives for which we live; we live for the body, we live for the mind, we live for the soul. No one of these is better or holier than the other; all are alike desirable, and no one of the three – body, mind, or soul – can live fully if either of the others is cut short of full life and expression. It is not right or noble to live only for the soul and deny mind or body; and it is wrong to live for the intellect and deny body or soul.

We are all acquainted with the loathsome consequences of living for the body and denying both mind and soul; and we see that real life means the complete expression of all that man can give forth through body, mind, and soul. Whatever he can say, no man can be really happy or satisfied unless his body is living fully in every function, and unless the same is true of his mind and his soul. Wherever there is unexpressed possibility, or function not performed, there is unsatisfied desire. Desire is possibility seeking expression, or function seeking performance.

Man cannot live fully in body without good food, comfortable clothing, and warm shelter; and without freedom from excessive toil. Rest and recreation are also necessary to his physical life.

He cannot live fully in mind without books and time to study them, without opportunity for travel and observation, or without intellectual companionship.

To live fully in mind he must have intellectual recreations, and must surround himself with all the objects of art and beauty he is capable of using and appreciating.

To live fully in soul, man must have love; and love is denied expression by poverty.

A man's highest happiness is found in the bestowal of benefits on those he loves; love finds its most natural and spontaneous expression in giving. The man who has nothing to give cannot fill his place as a husband or father, as a citizen, or as a man.

It is in the use of material things that a man finds full life for his body, develops his mind, and unfolds his soul. It is therefore of supreme importance to him that he should be rich.

It is perfectly right that you should desire to be rich; if you are a normal man or woman you cannot help doing so. It is perfectly right that you should give your best attention to the Science of Getting Rich, for it is the noblest and most necessary of all studies. If you neglect this study, you are derelict in your duty to yourself, to God and humanity; for you can render to God and humanity no greater service than to make the most of yourself.

Chapter 2

There is a Science of Getting Rich

There is a Science of getting rich, and it is an exact science, like algebra or arithmetic. There are certain laws which govern the process of acquiring riches; once these laws are learned and obeyed by any man, he will get rich with mathematical certainty.

The ownership of money and property comes as a result of doing things in a Certain Way; those who do things in this Certain Way, whether on purpose or accidentally, get rich; while those who do not do things in this Certain Way, no matter how hard they work or how able they are, remain poor.

It is a natural law that like causes always produce like effects; and, therefore, any man or woman who learns to do things in this Certain

Way will infallibly get rich.

That the above statement is true is shown by the following facts:

Getting rich is not a matter of environment, for, if it were, all the people in certain neighborhoods would become wealthy; the people of one city would all be rich, while those of other towns would all be poor; or the inhabitants of one state would roll in wealth, while those of an adjoining state would be in poverty.

But everywhere we see rich and poor living side by side, in the same environment, and often engaged in the same vocations. When two men are in the same locality, and in the same business, and one gets rich while the other remains poor, it shows that getting rich is not, primarily, a matter of environment. Some environments may be more favorable than others, but when two men in the same business are in the same neighborhood, and one gets rich while the other fails, it indicates that getting rich is the result of doing things in a Certain Way.

And further, the ability to do things in this Certain Way is not due solely to the possession of talent, for many people who have great talent remain poor, while other who have very little talent get rich.

Studying the people who have got rich, we find that they are an average lot in all respects, having no greater talents and abilities than other men. It is evident that they do not get rich because they possess talents and abilities that other men have not, but because they happen to do things in a Certain Way.

Getting rich is not the result of saving, or "thrift"; many very penurious people are poor, while free spenders often get rich. Nor is getting rich due to doing things which others fail to do; for two men in the same business often do almost exactly the same things, and one gets rich while the other remains poor or becomes bankrupt.

From all these things, we must come to the conclusion that getting rich is the result of doing things in a Certain Way.

If getting rich is the result of doing things in a Certain Way, and if like causes always produce like effects, then any man or woman who can do things in that way can become rich, and the whole matter is brought within the domain of exact science.

The question arises here, whether this Certain Way may not be so difficult that only a few may follow it. This cannot be true, as we have seen, so far as natural ability is concerned. Talented people get rich, and blockheads get rich; intellectually brilliant people get rich, and very stupid people get rich; physically strong people get rich, and weak and sickly people get rich.

Some degree of ability to think and understand is, of course, essential; but in so far natural ability is concerned, any man or woman who has sense enough to read and understand these words can certainly get rich.

Also, we have seen that it is not a matter of environment. Location counts for something; one would not go to the heart of the Sahara and expect to do successful business. Getting rich involves the necessity of dealing with men, and of being where there are people to deal with; and if these people are inclined to deal in the way you want to deal, so much the better. But that is about as far as environment goes.

If anybody else in your town can get rich, so can you; and if anybody else in your state can get rich, so can you.

Again, it is not a matter of choosing some particular business or profession. People get rich in every business, and in every profession; while their next door neighbors in the same vocation remain in poverty.

It is true that you will do best in a business which you like, and which is congenial to you; and if you have certain talents which are well developed, you will do best in a business which calls for the exercise of those talents.

Also, you will do best in a business which is suited to your locality;

an ice-cream parlor would do better in a warm climate than in Greenland, and a salmon fishery will succeed better in the Northwest than in Florida, where there are no salmon.

But, aside from these general limitations, getting rich is not dependent upon your engaging in some particular business, but upon your learning to do things in a Certain Way. If you are now in business, and anybody else in your locality is getting rich in the same business, while you are not getting rich, it is because you are not doing things in the same Way that the other person is doing them.

No one is prevented from getting rich by lack of capital. True, as you get capital the increase becomes more easy and rapid; but one who has capital is already rich, and does not need to consider how to become so. No matter how poor you may be, if you begin to do things in the Certain Way, you will begin to get rich; and you will begin to have capital.

The getting of capital is a part of the process of getting rich; and it is a part of the result which invariably follows the doing of things in the Certain Way.

You may be the poorest man on the continent, and be deeply in debt; you may have neither friends, influence, nor resources; but if you begin to do things in this way, you must infallibly begin to get rich, for like causes must produce like effects. If you have no capital, you can get capital; if you are in the wrong business, you can get into the right business; if you are in the wrong location, you can go to the right location; and you can do so by beginning in your present business and in your present location to do things in the Certain Way which causes success.

Chapter 3

Is Opportunity Monopolized?

No man is kept poor because opportunity has been taken away from him; because other people have monopolized the wealth, and have put a fence around it. You may be shut off from engaging in business in certain lines, but there are other channels open to you.

Probably it would be hard for you to get control of any of the great railroad systems; that field is pretty well monopolized. But the electric railway business is still in its infancy, and offers plenty of scope for enterprise; and it will be but a very few years until traffic and transportation through the air will become a great industry, and in all its branches will give employment to hundreds of thousands, and perhaps to millions, of people. Why not turn your attention to the development of aerial transportation, instead of competing with J.J.Hill[1] and others for a chance in the steam railway world?

It is quite true that if you are a workman in the employ of the steel trust you have very little chance of becoming the owner of the plant in which you work; but it is also true that if you will commence to act in a Certain Way, you can soon leave the employ of the steel trust; you can buy a farm of from ten to forty acres, and engage in business as a producer of foodstuffs. There is great opportunity at this time for men who will live upon small tracts of land and cultivate the same intensively; such men will certainly get rich. You may say that it is impossible for you to get the land, but I am going to prove to you that it is not impossible, and that you can certainly get a farm if you will go to work in a Certain Way.

At different periods the tide of opportunity sets in different directions, according to the needs of the whole and the particular stage of social evolution which has been reached. At present, in America, it is setting toward agriculture and the allied industries and professions.

Today, opportunity is open before the factory worker in his line. It

---

1) James Jerome Hill(1838~1916): United States railroad tycoon.

is open before the businessman who supplies the farmer more than before the one who supplies the factory worker; and before the professional man who waits upon the farmer more than before the one who serves the working class.

There is abundance of opportunity for the man who will go with the tide, instead of trying to swim against it. So the factory workers, either as individuals or as a class, are not deprived of opportunity. The workers are not being "kept down" by their masters; they are not being "ground" by the trusts and combinations of capital. As a class, they are where they are because they do not do things in a Certain Way. If the workers of America chose to do so, they could follow the example of their brothers in Belgium and other countries, and establish great department stores and co-operative industries; they could elect men of their own class to office, and pass laws favoring the development of such co-operative industries; and in a few years they could take peaceable possession of the industrial field.

The working class may become the master class whenever they will begin to do things in a Certain Way; the law of wealth is the same for them as it is for all others. This they must learn; and they will remain where they are as long as they continue to do as they do. The individual worker, however, is not held down by the ignorance or the mental slothfulness of his class; he can follow the tide of opportunity to riches, and this book will tell him how.

No one is kept in poverty by a shortness in the supply of riches; there is more than enough for all.

A palace as large as the capitol at Washington might be built for every family on earth from the building material in the United States alone; and under intensive cultivation, this country would produce wool, cotton, linen, and silk enough to cloth each person in the world finer than Solomon was arrayed in all his glory; together with food enough to feed them all luxuriously.

The visible supply is practically inexhaustible; and the invisible supply really IS inexhaustible.

Everything you see on earth is made from one original substance, out of which all things proceed.

New forms are constantly being made, and older ones are dissolving; but all are shapes assumed by One Thing.

There is no limit to the supply of Formless Stuff, or Original Substance. The universe is made out of it; but it was not all used in making the universe. The spaces in, through, and between the forms of the visible universe are permeated and filled with the Original Substance; with the Formless Stuff; with the raw material of all things. Ten thousand times as much as has been made might still be made, and even then we should not have exhausted the supply of universal raw material.

No man, therefore, is poor because nature is poor, or because there is not enough to go around.

Nature is an inexhaustible storehouse of riches; the supply will never run short. Original Substance is alive with creative energy, and is constantly producing more forms. When the supply of building material is exhausted, more will be produced; when the soil is exhausted so that food stuffs and materials for clothing will no longer grow upon it, it will be renewed or more soil will be made.

When all the gold and silver has been dug from theearth, if man is still in such a stage of social development that he needs gold and silver, more will be produced from the Formless. The Formless Stuff responds to the needs of man; it will not let him be without any good thing.

This is true of man collectively; the race as a whole is always abundantly rich, and if individuals are poor, it is because they do not follow the Certain Way of doing things which makes the individual man rich.

The Formless Stuff is intelligent; it is stuff which thinks. It is alive, and is always impelled toward more life.

It is the natural and inherent impulse of life to seek to live more; it is the nature of intelligence to enlarge itself, and of consciousness to seek to extend its boundaries and find fuller expression. The universe of forms has been made by Formless Living Substance, throwing itself into form in order to express itself more fully.

The universe is a great Living Presence, always moving inherently toward more life and fuller functioning.

Nature is formed for the advancement of life; its impelling motive is the increase of life. For this cause, everything which can possibly minister to life is bountifully provided; there can be no lack unless God is to contradict himself and nullify his own works.

You are not kept poor by lack in the supply of riches; it is a fact which I shall demonstrate a little farther on that even the resources of the Formless Supply are at the command of the man or woman who will act and think in a Certain Way.

Chapter 4

The First Principle in the Science of Getting Rich

Thought is the only power which can produce tangible riches from the Formless Substance. The stuff from which all things are made is a substance which thinks, and a thought of form in this substance produces the form.

Original Substance moves according to its thoughts; every form and process you see in nature is the visible expression of a thought in Original Substance. As the Formless Stuff thinks of a form, it takes that form; as it thinks of a motion, it makes that motion. That is the way all things were created.

We live in a thought world, which is part of a thought universe. The thought of a moving universe extended throughout Formless Substance, and the Thinking Stuff moving according to that thought, took the form of systems of planets, and maintains that form. Thinking Substance takes the form of its thought, and moves according to the thought.

Holding the idea of a circling system of suns and worlds, it takes the form of these bodies, and moves them as it thinks. Thinking the form of a slow-growing oak tree, it moves accordingly, and produces the tree, though centuries may be required to do the work. In creating, the Formless seems to move according to the lines of motion it has established; the thought of an oak tree does not cause the instant formation of a full-grown tree, but it does start in motion the forces which will produce the tree, along established lines of growth.

Every thought of form, held in Thinking Substance, causes the creation of the form, but always, or at least generally, along lines of growth and action already established.

The thought of a house of a certain construction, if it were impressed upon Formless Substance, might not cause the instant formation, of the house; but it would cause the turning of creative energies already working in trade and commerce into such channels as to result in the speedy building of the house. And if there were no existing channels through which the creative energy could work, then the house would be formed directly from primal substance, without waiting for the slow processes of the organic and inorganic world.

No thought of form can be impressed upon Original Substance without causing the creation of the form.

Man is a thinking center, and can originate thought. All the forms that man fashions with his hands must first exist in his thought; he cannot shape a thing until he has thought that thing.

And so far man has confined his efforts wholly to the work of his hands; he has applied manual labor to the world of forms, seeking to change or modify those already existing. He has never thought of trying to cause the creation of new forms by impressing his thoughts upon Formless Substance.

When man has a thought-form, he takes material from the forms of nature, and makes an image of the form which is in his mind. He has, so far, made little or no effort to co-operate with Formless Intelligence; to work "with the Father." He has not dreamed that he can "do what he seeth the Father doing." Man reshapes and modifies existing forms by manual labor; he has given no attention to the question whether he may not produce things from Formless Substance by communicating his thoughts to it. We propose to prove that he may do so; to prove that any man or woman may do so, and to show how. As our first step, we must lay down three fundamental propositions.

First, we assert that there is one original Formless Stuff, or Substance, from which all things are made. All the seemingly many elements are but different presentations of one element; all the many forms found in organic and inorganic nature are but different shapes, made from the same stuff. And this stuff is a thinking stuff; a thought held in it produces the form of the thought. Thought, in thinking substance, produces shapes. Man is a thinking center, capable of original thought; if man can communicate his thought to original thinking substance, he can cause the creation, or formation, of the thing he thinks about. To summarize this:

There is a thinking stuff from which all things are made, and which, in its original state, permeates, penetrates, and fills the interspaces of the universe.

A thought, in this substance, produces the thing that is imaged by the thought.

Man can form things in his thought, and, by impressing his thought upon Formless Substance, can cause the thing he thinks about to be created.

It may be asked if I can prove these statements; and without going into details, I answer that I can do so, both by logic and experience.

Reasoning back from the phenomena of form and thought, I come to one original Thinking Substance; and reasoning forward from this Thinking Substance, I come to man's power to cause the formation of the thing he thinks about. And by experiment, I find the reasoning true; and this is my strongest proof.

If one man who reads this book gets rich by doing what it tells him to do, that is evidence in support of my claim; but if every man who does what it tells him to do gets rich, that is positive proof until some one goes through the process and fails. The theory is true until the process fails; and this process will not fail, for every man who does exactly what this book tells him to do will get rich.

I have said that men get rich by doing things in a Certain Way; and in order to do so, men must become able to think in a certain way. A man's way of doing things is the direct result of the way he thinks about things.

To do things in a way you want to do them, you will have to acquire the ability to think the way you want to think; this is the first step toward getting rich.

To think what you want to think is to think TRUTH, regardless of appearances.

Every man has the natural and inherent power to think what he wants to think, but it requires far more effort to do so than it does to think the thoughts which are suggested by appearances. To think according to appearance is easy; to think truth regardless of appearances is laborious, and requires the expenditure of more power than any other work man is called upon to perform.

There is no labor from which most people shrink as they do from that of sustained and consecutive thought; it is the hardest work in the world. This is especially true when truth is contrary to appearances. Every appearance in the visible world tends to produce a corresponding form in the mind which observes it; and this can only be prevented by holding the thought of the truth.

To look upon the appearance of disease will produce the form of disease in your own mind, and ultimately in your body, unless you hold the thought of the truth, which is that there is no disease; it is only an appearance, and the reality is health.

To look upon the appearances of poverty will produce corresponding forms in your own mind, unless you hold to the truth that there is no poverty; there is only abundance.

To think health when surrounded by the appearances of disease, or to think riches when in the midst of appearances of poverty, requires power; but he who acquires this power becomes a master mind. He can conquer fate; he can have what he wants.

This power can only be acquired by getting hold of the basic fact which is behind all appearances; and that fact is that there is one Thinking Substance, from which and by which all things are made.

Then we must grasp the truth that every thought held in this substance becomes a form, and that man can so impress his thoughts upon it as to cause them to take form and become visible things. When we realize this, we lose all doubt and fear, for we know that we can create what we want to create; we can get what we want to have, and can become what we want to be. As a first step toward getting rich, you must believe the three fundamental statements given previously in this chapter; and in order to emphasize them. I repeat them here:

There is a Thinking Stuff from which all things are made, and which, in its original state, permeates, penetrates, and fills the interspaces of the universe.

A thought, in this substance, produces the thing that is imaged by the thought.

Man can form things in his thought, and, by impressing his thought upon Formless Substance, can cause the thing he thinks about to be created.

You must lay aside all other concepts of the universe than this monistic one; and you must dwell upon this until it is fixed in your mind, and has become your habitual thought. Read these creed statements over and over again; fix every word upon your memory, and meditate upon them until you firmly believe what they say. If a doubt comes to you, cast it aside as a sin. Do not listen to arguments against this idea; do not go to churches or lectures where a contrary concept of things is taught or preached. Do not read magazines or books which teach a different idea; if you get mixed up in your faith, all your efforts will be in vain. Do not ask why these things are true, nor speculate as to how they can be true; simply take them on trust. The science of getting rich begins with the absolute acceptance of this faith.

Chapter 5

Increasing Life

You must get rid of the last vestige of the old idea that there is a Deity whose will it is that you should be poor, or whose purposes may be served by keeping you in poverty.

The Intelligent Substance which is All, and in All, and which lives in All and lives in you, is a consciously Living Substance. Being a consciously living substance, It must have the nature and inherent desire of every living intelligence for increase of life. Every living thing must continually seek for the enlargement of its life, because life, in the mere act of living, must increase itself.

A seed, dropped into the ground, springs into activity, and in the act of living produces a hundred more seeds; life, by living, multiplies itself. It is forever becoming more; it must do so, if it continues to be at all.

Intelligence is under this same necessity for continuous increase. Every thought we think makes it necessary for us to think another thought; consciousness is continually expanding. Every fact we learn leads us to the learning of another fact; knowledge is continually increasing. Every talent we cultivate brings to the mind the desire to cultivate another talent; we are subject to the urge of life, seeking expression, which ever drives us on to know more, to do more, and to be more.

In order to know more, do more, and be more we must have more; we must have things to use, for we learn, and do, and become, only by using things. We must get rich, so that we can live more.

The desire for riches is simply the capacity for larger life seeking fulfillment; every desire is the effort of an unexpressed possibility to come into action. It is power seeking to manifest which causes desire. That which makes you want more money is the same as that which makes the plant grow; it is life, seeking fuller expression.

The One Living Substance must be subject to this inherent law of all life; it is permeated with the desire to live more; that is why it is under the necessity of creating things.

The One Substance desires to live more in you; hence it wants you to have all the things you can use. It is the desire of God that you should get rich. He wants you to get rich because he can express himself better through you if you have plenty of things to use in giving him expression. He can live more in you if you have unlimited command of the means of life.

The universe desires you to have everything you want to have.

Nature is friendly to your plans.

Everything is naturally for you.

Make up your mind that this is true.

It is essential, however that your purpose should harmonize with the purpose that is in All.

You must want real life, not mere pleasure of sensual gratification. Life is the performance of function; and the individual really lives only when he performs every function, physical, mental, and spiritual, of which he is capable, without excess in any.

You do not want to get rich in order to live swinishly, for the gratification of animal desires; that is not life. But the performance of every physical function is a part of life, and no one lives completely who denies the impulses of the body a normal and healthful expression.

You do not want to get rich solely to enjoy mental pleasures, to get knowledge, to gratify ambition, to outshine others, to be famous. All these are a legitimate part of life, but the man who lives for the pleasures of the intellect alone will only have a partial life, and he will never be satisfied with his lot.

You do not want to get rich solely for the good of others, to lose yourself for the salvation of mankind, to experience the joys of philanthropy and sacrifice. The joys of the soul are only a part of life; and they are no better or nobler than any other part.

You want to get rich in order that you may eat, drink, and be merry when it is time to do these things; in order that you may surround yourself with beautiful things, see distant lands, feed your mind, and develop your intellect; in order that you may love men and do kind things, and be able to play a good part in helping the world to find truth. But remember that extreme altruism is no better and no nobler than extreme selfishness; both are mistakes.

Get rid of the idea that God wants you to sacrifice yourself for others, and that you can secure his favor by doing so; God requires nothing of the kind.

What he wants is that you should make the most of yourself, for yourself, and for others; and you can help others more by making the most of yourself than in any other way.

You can make the most of yourself only by getting rich; so it is right and praiseworthy that you should give your first and best thought to the work of acquiring wealth.

Remember, however, that the desire of Substance is for all, and its movements must be for more life to all; it cannot be made to work for less life to any, because it is equally in all, seeking riches and life.

Intelligent Substance will make things for you, but it will not take things away from some one else and give them to you.

You must get rid of the thought of competition. You are to create, not to compete for what is already created.

You do not have to take anything away from any one.

You do not have to drive sharp bargains.

You do not have to cheat, or to take advantage.

You do not need to let any man work for you for less than he earns.

You do not have to covet the property of others, or to look at it with wishful eyes; no man has anything of which you cannot have the like, and that without taking what he has away from him.

You are to become a creator, not a competitor; you are going to get what you want, but in such a way that when you get it every other man will have more than he has now.

I am aware that there are men who get a vast amount of money by proceeding in direct opposition to the statements in the paragraph above, and may add a word of explanation here.

Men of the plutocratic type, who become very rich, do so sometimes purely by their extraordinary ability on the plane of competition; and sometimes they unconsciously relate themselves to Substance in its great purposes and movements for the general racial upbuilding through industrial evolution.

Rockefeller, Carnegie, Morgan, et al., have been the unconscious agents of the Supreme in the necessary work of systematizing and organizing productive industry; and in the end, their work will contribute immensely toward increased life for all. Their day is nearly over; they have organized production, and will soon be succeeded by the agents of the multitude, who will organize the machinery of distribution.

The multi-millionaires are like the monster reptiles of the prehistoric eras; they play a necessary part in the evolutionary process, but the same power which produced them will dispose of them. And it is well to bear in mind that they have never been really rich; a record of the private lives of most of this class will show that they have really been the most abject and wretched of the poor.

Riches secured on the competitive plane are never satisfactory and permanent; they are yours today, and another's tomorrow.

Remember, if you are to become rich in a scientific and certain way, you must rise entirely out of the competitive thought. You must never think for a moment that the supply is limited. Just as soon as you begin to think that all the money is being "cornered" and controlled by bankers and others, and that you must exert yourself to get laws passed to stop this process, and so on; in that moment you drop into the competitive mind, and your power to cause creation is gone for the time being; and what is worse, you will probably arrest the creative movements you have already instituted.

Know that there are countless millions of dollars' worth of gold in the mountains of the earth, not yet brought to light; and know that if there were not, more would be created from Thinking Substance to supply your needs.

Know that the money you need will come, even if it is necessary for a thousand men to be led to the discovery of new gold mines tomorrow.

Never look at the visible supply; look always at the limitless riches in

Formless Substance, and Know that they are coming to you as fast as you can receive and use them. Nobody, by cornering the visible supply, can prevent you from getting what is yours.

So never allow yourself to think for an instant that all the best building spots will be taken before you get ready to build your house, unless you hurry. Never worry about the trusts and combines, and get anxious for fear they will soon come to own the whole earth. Never get afraid that you will lose what you want because some other person "beats you to it." That cannot possibly happen; you are not seeking any thing that is possessed by anybody else; you are causing what you want to be created from Formless Substance, and the supply is without limits. Stick to the formulated statement:

There is a Thinking Stuff from which all things are made, and which, in its original state, permeates, penetrates, and fills the interspaces of the universe.

A thought, in this substance, produces the thing that is imaged by the thought.

Man can form things in his thought, and, by impressing his thought upon Formless Substance, can cause the thing he thinks about to be created.

How Riches Come to You

When I say that you do not have to drive sharp bargains, I do not mean that you do not have to drive any bargains at all, or that you are above the necessity for having any dealings with your fellow men. I mean that you will not need to deal with them unfairly; you do not have to get something for nothing, but can give to every man more than you take from him.

You cannot give every man more in cash market value than you take from him, but you can give him more in use value than the cash value of the thing you take from him. The paper, ink, and other material in this book may not be worth the money you pay for it; but if the ideas suggested by it bring you thousands of dollars, you have not been wronged by those who sold it to you; they have given you a great use value for a small cash value.

Let us suppose that I own a picture by one of the great artists, which, in any civilized community, is worth thousands of dollars. I take it to Baffin Ray, and by "salesmanship" induce an Eskimo to give a bundle of furs worth $500 for it. I have really wronged him, for he has no use for the picture; it has no use value to him; it will not add to his life. But suppose I give him a gun worth $50 for his furs; then he has made a good bargain. He has use for the gun; it will get him many more furs and much food; it will add to his life in every way; it will make him rich.

When you rise from the competitive to the creative plane, you can scan your business transactions very strictly, and if you are selling any man anything which does not add more to his life than the thing he give you in exchange, you can afford to stop it. You do not have to beat anybody in business. And if you are in a business which does beat people, get out of it at once.

Give every man more in use value than you take from him in cash value; then you are adding to the life of the world by every business transaction.

If you have people working for you, you must take from them more in cash value than you pay them in wages; but you can so organize your business that it will be filled with the principle of advancement, and so that each employee who wishes to do so may advance a little every day.

You can make your business do for your employees what this book is doing for you. You can so conduct your business that it will be a sort of ladder, by which every employee who will take the trouble may climb to riches himself; and given the opportunity, if he will not do so it is not your fault.

And finally, because you are to cause the creation of your riches from Formless Substance which permeates all your environment, it does not follow that they are to take shape from the atmosphere and come into being before your eyes.

If you want a sewing machine, for instance, I do not mean to tell you that you are to impress the thought of a sewing machine on Thinking Substance until the machine is formed without hands, in the room where you sit, or elsewhere. But if you want a sewing machine, hold the mental image of it with the most positive certainty that it is being made, or is on its way to you. After once forming the thought, have the most absolute and unquestioning faith that the sewing machine is coming; never think of it, or speak, of it, in any other way than as being sure to arrive. Claim it as already yours.

It will be brought to you by the power of the Supreme Intelligence, acting upon the minds of men. If you live in Maine, it may be that a man will be brought from Texas or Japan to engage in some transaction, which will result in your getting what you want. If so, the whole matter will be as much to that man's advantage as it is to yours.

Do not forget for a moment that the Thinking Substance is through all, in all, communicating with all, and can influence all. The desire of Thinking Substance for fuller life and better living has caused the creation of all the sewing machines already made; and it can cause the creation of millions more, and will, whenever men set it in motion by desire and faith, and by acting in a Certain Way.

You can certainly have a sewing machine in your house; and it is just as certain that you can have any other thing or things which you want, and which you will use for the advancement of your own life and the lives of others. You need not hesitate about asking largely; "it is your Father's pleasure to give you the kingdom." said Jesus.

Original Substance wants to live all that is possible in you, and wants you to have all that you can or will use for the living of the most abundant life.

If you fix upon your consciousness the fact that the desire you feel for the possession of riches is one with the desire of Omnipotence for more complete expression, your faith becomes invincible.

Once I saw a little boy sitting at a piano, and vainly trying to bring harmony out of the keys; and I saw that he was grieved and provoked by his inability to play real music. I asked him the cause of his vexation, and he answered, "I can feel the music in me, but I can't make my hands go right." The music in him was the URGE of Original Substance, containing all the possibilities of all life; all that there is of music was seeking expression through the child.

God, the One Substance, is trying to live and do and enjoy things through humanity. He is saying "I want hands to build wonderful structures, to play divine harmonies, to paint glorious pictures; I want feet to run my errands, eyes to see my beauties, tongues to tell mighty truths and to sing marvelous songs," and so on.

All that there is of possibility is seeking expression through men. God wants those who can play music to have pianos and every other instrument, and to have the means to cultivate their talents to the fullest extent; He wants those who can appreciate beauty to be able to surround themselves with beautiful things; He wants those who can discern truth to have every opportunity to travel and observe; He wants those who can appreciate dress to be beautifully clothed, and those who can appreciate good food to be luxuriously fed.

He wants all these things because it is Himself that enjoys and appreciates them; it is God who wants to play, and sing, and enjoy beauty, and proclaim truth and wear fine clothes, and eat good foods. "It is God that worketh in you to will and to do," said Paul.

The desire you feel for riches is the infinite, seeking to express Himself in you as He sought to find expression in the little boy at the piano.

So you need not hesitate to ask largely. Your part is to focalize and express the desire to God.

This is a difficult point with most people; they retain something of the old idea that poverty and self-sacrifice are pleasing to God. They look upon poverty as a part of the plan, a necessity of nature. They have the idea that God has finished His work, and made all that He can make, and that the majority of men must stay poor because there is not enough to go around. They hold to so much of this erroneous thought that they feel ashamed to ask for wealth; they try not to want more than a very modest competence, just enough to make them fairly comfortable.

I recall now the case of one student who was told that he must get in mind a clear picture of the things he desired, so that the creative thought of them might be impressed on Formless Substance.

He was a very poor man, living in a rented house, and having only what he earned from day to day; and he could not grasp the fact that all wealth was his. So, after thinking the matter over, he decided that he might reasonably ask for a new rug for the floor of his best room, and an anthracite coal stove to heat the house during the cold weather. Following the instructions given in this book, he obtained these things in a few months; and then it dawned upon him that he had not asked enough. He went through the house in which he lived, and planned all the improvements he would like to make in it; he mentally added a bay window here and a room there, until it was complete in his mind as his ideal home; and then he planned its furnishings.

Holding the whole picture in his mind, he began living in the Certain Way, and moving toward what he wanted; and he owns the house now, and is rebuilding it after the form of his mental image.

And now, with still larger faith, he is going on to get greater things. It has been unto him according to his faith, and it is so with you and with all of us.

Chapter 7

Gratitude

The illustrations given in the last chapter will have conveyed to the reader the fact that the first step toward getting rich is to convey the idea of your wants to the Formless Substance.

This is true, and you will see that in order to do so it becomes necessary to relate yourself to the Formless Intelligence in a harmonious way.

To secure this harmonious relation is a matter of such primary and vital importance that I shall give some space to its discussion here, and give you instructions which, if you will follow them, will be certain to bring you into perfect unity of mind with God.

The whole process of mental adjustment and atonement can be summed up in one word, gratitude.

First, you believe that there is one Intelligent Substance, from which all things proceed; second, you believe that this Substance gives you everything you desire; and third, you relate yourself to it by a feeling of deep and profound gratitude.

Many people who order their lives rightly in all other ways are kept in poverty by their lack of gratitude. Having received one gift from God, they cut the wires which connect them with Him by failing to make acknowledgment.

It is easy to understand that the nearer we live to the source of wealth, the more wealth we shall receive; and it is easy also to understand that the soul that is always grateful lives in closer touch with God than the one which never looks to Him in thankful acknowledgment.

The more gratefully we fix our minds on the Supreme when good things come to us, the more good things we will receive, and the more rapidly they will come; and the reason simply is that the mental attitude of gratitude draws the mind into closer touch with the source from which the blessings come.

If it is a new thought to you that gratitude brings your whole mind into closer harmony with the creative energies of the universe, consider it well, and you will see that it is true. The good things you already have

have come to you along the line of obedience to certain laws. Gratitude will lead your mind out along the ways by which things come; and it will keep you in close harmony with creative thought and prevent you from falling into competitive thought.

Gratitude alone can keep you looking toward the All, and prevent you from falling into the error of thinking of the supply as limited; and to do that would be fatal to your hopes. There is a Law of Gratitude, and it is absolutely necessary that you should observe the law, if you are to get the results you seek.

The law of gratitude is the natural principle that action and reaction are always equal, and in opposite directions.

The grateful outreaching of your mind in thankful praise to the Supreme is a liberation or expenditure of force; it cannot fail to reach that to which it addressed, and the reaction is an instantaneous movement towards you. "Draw nigh unto God, and He will draw nigh unto you." That is a statement of psychological truth.

And if your gratitude is strong and constant, the reaction in Formless Substance will be strong and continuous; the movement of the things you want will be always toward you. Notice the grateful attitude that Jesus took; how He always seems to be saying, "I thank Thee, Father, that Thou hearest me." You cannot exercise much power without gratitude; for it is gratitude that keeps you connected with Power.

But the value of gratitude does not consist solely in getting you more blessings in the future. Without gratitude you cannot long keep from dissatisfied thought regarding things as they are.

The moment you permit your mind to dwell with dissatisfaction upon things as they are, you begin to lose ground. You fix attention upon the common, the ordinary, the poor, and the squalid and mean; and your mind takes the form of these things. Then you will transmit these forms or mental images to the Formless, and the common, the poor, the squalid, and mean will come to you.

To permit your mind to dwell upon the inferior is to become inferior and to surround yourself with inferior things.

On the other hand, to fix your attention on the best is to surround yourself with the best, and to become the best.

The Creative Power within us makes us into the image of that to which we give our attention.

We are Thinking Substance, and thinking substance always takes the form of that which it thinks about.

The grateful mind is constantly fixed upon the best; therefore it tends to become the best; it takes the form or character of the best, and will receive the best.

Also, faith is born of gratitude. The grateful mind continually expects good things, and expectation becomes faith. The reaction of gratitude upon one's own mind produces faith; and every outgoing wave of grateful thanksgiving increases faith. He who has no feeling of gratitude cannot long retain a living faith; and without a living faith you cannot get rich by the creative method, as we shall see in the following chapters.

It is necessary, then, to cultivate the habit of being grateful for every good thing that comes to you; and to give thanks continuously.

And because all things have contributed to your advancement, you should include all things in your gratitude.

Do not waste time thinking or talking about the shortcomings or wrong actions of plutocrats or trust magnates. Their organization of the world has made your opportunity; all you get really comes to you because of them.

Do not rage against corrupt politicians; if it were not for politicians we should fall into anarchy, and your opportunity would be greatly lessened.

God has worked a long time and very patiently to bring us up to where we are in industry and government, and He is going right on with His work. There is not the least doubt that He will do away with plutocrats, trust magnates, captains of industry, and politicians as soon as they can be spared; but in the meantime, behold they are all very good. Remember that they are all helping to arrange the lines of transmission along which your riches will come to you, and be grateful to them all. This will bring you into harmonious relations with the good in everything, and the good in everything will move toward you.

Chapter 8

Thinking in the Certain Way

Turn back to chapter 6 and read again the story of the man who formed a mental image of his house, and you will get a fair idea of the initial step toward getting rich. You must form a clear and definite mental picture of what you want; you cannot transmit an idea unless you have it yourself.

You must have it before you can give it; and many people fail to impress Thinking Substance because they have themselves only a vague and misty concept of the things they want to do, to have, or to become.

It is not enough that you should have a general desire for wealth "to do good with"; everybody has that desire.

It is not enough that you should have a wish to travel, see things, live more, etc. Everybody has those desires also. If you were going to send a wireless message to a friend, you would not send the letters of the alphabet in their order, and let him construct the message for himself; nor would you take words at random from the dictionary. You would send a coherent sentence; one which meant something. When you try to impress your wants upon Substance, remember that it must be done by a coherent statement; you must know what you want, and be definite. You can never get rich, or start the creative power into action, by sending out unformed longings and vague desires.

Go over your desires just as the man I have described went over his house; see just what you want, and get a clear mental picture of it as you wish it to look when you get it.

That clear mental picture you must have continually in mind, as the sailor has in mind the port toward which he is sailing the ship; you must keep your face toward it all the time. You must no more lose sight of it than the steersman loses sight of the compass.

It is not necessary to take exercises in concentration, nor to set apart special times for prayer and affirmation, nor to "go into the silence," nor to do occult stunts of any kind. There things are well enough, but all you need is to know what you want, and to want it badly enough so that it will stay in your thoughts.

Spend as much of your leisure time as you can in contemplating your picture, but no one needs to take exercises to concentrate his mind on a thing which he really wants; it is the things you do not really care about which require effort to fix your attention upon them.

And unless you really want to get rich, so that the desire is strong enough to hold your thoughts directed to the purpose as the magnetic pole holds the needle of the compass, it will hardly be worth while for you to try to carry out the instructions given in this book.

The methods herein set forth are for people whose desire for riches is strong enough to overcome mental laziness and the love of ease, and make them work.

The more clear and definite you make your picture then, and the more you dwell upon it, bringing out all its delightful details, the stronger your desire will be; and the stronger your desire, the easier it will be to hold your mind fixed upon the picture of what you want.

Something more is necessary, however, than merely to see the picture clearly. If that is all you do, you are only a dreamer, and will have little or no power for accomplishment.

Behind your clear vision must be the purpose to realize it; to bring it out in tangible expression. And behind this purpose must be an invincible and unwavering FAITH that the thing is already yours; that it is "at hand" and you have only to take possession of it.

Live in the new house, mentally, until it takes form around you physically. In the mental realm, enter at once into full enjoyment of the things you want.

"Whatsoever things ye ask for when ye pray, believe that ye receive them, and ye shall have them," said Jesus.

See the things you want as if they were actually around you all the time; see yourself as owning and using them. Make use of them in imagination just as you will use them when they are your tangible possessions. Dwell upon your mental picture until it is clear and distinct, and then take the mental attitude of ownership toward everything in that picture. Take possession of it, in mind, in the full faith that it is actually yours. Hold to this mental ownership; do not waiver for an instant in the faith that it is real.

And remember what was said in a proceeding chapter about gratitude; be as thankful for it all the time as you expect to be when it has taken form.

The man who can sincerely thank God for the things which as yet he owns only in imagination, has real faith. He will get rich; he will cause the creation of whatsoever he wants.

You do not need to pray repeatedly for things you want; it is not necessary to tell God about it every day.

"Use not vain repetitions as the heathen do," said Jesus said to his pupils, "for your Father knoweth the ye have need of these things before ye ask Him."

Your part is to intelligently formulate your desire for the things which make for a larger life, and to get these desire arranged into a coherent whole; and then to impress this Whole Desire upon the Formless Substance, which has the power and the will to bring you what you want.

You do not make this impression by repeating strings of words; you make it by holding the vision with unshakable PURPOSE to attain it, and with steadfast FAITH that you do attain it.

The answer to prayer is not according to your faith while you are talking, but according to your faith while you are working.

You cannot impress the mind of God by having a special Sabbath day set apart to tell Him what you want, and the forgetting Him during the rest of the week. You cannot impress Him by having special hours to go into your closet and pray, if you then dismiss the matter from your mind until the hour of prayer comes again.

Oral prayer is well enough, and has its effect, especially upon yourself, in clarifying your vision and strengthening your faith; but it is not your oral petitions which get you what you want. In order to get rich you do not need a "sweet hour of prayer"; you need to "pray without ceasing." And by prayer I mean holding steadily to your vision, with the purpose to cause its creation into solid form, and the faith that you are doing so.

"Believe that ye receive them."

The whole matter turns on receiving, once you have clearly formed your vision. When you have formed it, it is well to make an oral statement, addressing the Supreme in reverent prayer; and from that moment you must, in mind, receive what you ask for. Live in the new house; wear the fine clothes; ride in the automobile; go on the journey, and confidently plan for greater journeys. Think and speak of all the things you have asked for in terms of actual present ownership. Imagine an environment, and a financial condition exactly as you want them, and live all the time in that imaginary environment and financial condition. Mind, however, that you do not do this as a mere dreamer and castle builder; hold to the FAITH that the imaginary is being realized, and to the PURPOSE to realize it. Remember that it is faith and purpose in the use of the imagination which make the difference between the scientist and the dreamer. And having learned this fact, it is here that you must learn the proper use of the Will.

Chapter 9

How to Use the Will

To set about getting rich in a scientific way, you do not try to apply your will power to anything outside of yourself. You have no right to do so, anyway.

It is wrong to apply your will to other men and women, in order to get them to do what you wish done.

It is as flagrantly wrong to coerce people by mental power as it is to coerce them by physical power. If compelling people by physical force to do things for you reduces them to slavery, compelling them by mental means accomplishes exactly the same thing; the only difference is in methods. If taking things from people by physical force is robbery, then taking things by mental force is robbery also; there is no difference in principle.

You have no right to use your will power upon another person, even "for his own good"; for you do not know what is for his good. The science of getting rich does not require you to apply power or force to any other person, in any way whatsoever. There is not the slightest necessity for doing so; indeed, any attempt to use your will upon others will only tend to defeat your purpose.

You do not need to apply your will to things, in order to compel them to come to you. That would simply be trying to coerce God, and would be foolish and useless, as well as irreverent.

You do not have to compel God to give you good things, any more than you have to use your will power to make the sun rise.

You do not have to use your will power to conquer an unfriendly deity, or to make stubborn and rebellious forces do your bidding.

Substance is friendly to you, and is more anxious to give you what you want than you are to get it.

To get rich, you need only to use your will power upon yourself.

When you know what to think and do, then you must use your will to compel yourself to think and do the right things. That is the legitimate use of the will in getting what you want—to use it in holding yourself to the right course. Use your will to keep yourself thinking and acting in the Certain Way.

Do not try to project your will, or your thoughts, or your mind out into space, to "act" on things or people.

Keep your mind at home; it can accomplish more there than elsewhere.

Use your mind to form a mental image of what you want, and to hold that vision with faith and purpose; and use your will to keep your mind working in the Right Way.

The more steady and continuous your faith and purpose, the more rapidly you will get rich, because you will make only positive impressions upon Substance; and you will not neutralize or offset them by negative impressions.

The picture of your desires, held with faith and purpose, is taken up by the Formless, and permeates it to great distances—throughout the universe, for all I know.

As this impression spreads, all things are set moving toward its realization; every living thing, every inanimate thing, and the things yet uncreated, are stirred toward bringing into being that which you want. All force begins to be exerted in that direction; all things begin to move toward you. The minds of people, everywhere, are influenced toward doing the things necessary to the fulfilling of your desires; and they work for you, unconsciously.

But you can check all this by starting a negative impression in the Formless Substance. Doubt or unbelief is as certain to start a movement away from you as faith and purpose are to start one toward you. It is by not understanding this that most people who try to make use of "mental science" in getting rich make their failure. Every hour and moment you spend in giving heed to doubts and fears, every hour you spend in worry, every hour in which your soul is possessed by unbelief, sets a current away from you in the whole domain of intelligent Substance. All the promises are unto them that believe, and unto them only. Notice how insistent Jesus was upon this point of belief; and now you know the reason why.

Since belief is all important, it behooves you to guard your thoughts; and as your beliefs will be shaped to a very great extent by the things you observe and think about, it is important that you should command your attention.

And here the will comes into use; for it is by your will that you determine upon what things your attention shall be fixed.

If you want to become rich, you must not make a study of poverty.

Things are not brought into being by thinking about their opposites. Health is never to be attained by studying disease and thinking about disease; righteousness is not to be promoted by studying sin and thinking about sin; and no one ever got rich by studying poverty and thinking about poverty.

Medicine as a science of disease has increased disease; religion as a science of sin has promoted sin, and economics as a study of poverty will fill the world with wretchedness and want. Do not talk about poverty; do not investigate it, or concern yourself with it. Never mind what its causes are; you have nothing to do with them.

What concerns you is the cure.

Do not spend your time in charitable work, or charity movements; all charity only tends to perpetuate the wretchedness it aims to eradicate.

I do not say that you should be hard hearted or unkind, and refuse to hear the cry of need; but you must not try to eradicate poverty in any of the conventional ways. Put poverty behind you, and put all that pertains to it behind you, and "make good." Get rich; that is the best way you can help the poor.

And you cannot hold the mental image which is to make you rich if you fill your mind with pictures of poverty. Do not read books or papers which give circumstantial accounts of the wretchedness of the tenement dwellers, of the horrors of child labor, and so on. Do not read anything which fills your mind with gloomy images of want and suffering.

You cannot help the poor in the least by knowing about these things; and the wide-spread knowledge of them does not tend at all to do away with poverty.

What tends to do away with poverty is not the getting of pictures of poverty into your mind, but getting pictures of wealth into the minds of the poor.

You are not deserting the poor in their misery when you refuse to allow your mind to be filled with pictures of that misery.

Poverty can be done away with, not by increasing the number of well-to-do people who think about poverty, but by increasing the number of poor people who purpose with faith to get rich.

The poor do not need charity; they need inspiration. Charity only sends them a loaf of bread to keep them alive in their wretchedness, or gives them an entertainment to make them forget for an hour or two; but inspiration will cause them to rise out of their misery. If you want to help the poor, demonstrate to them that they can become rich; prove it by getting rich yourself.

The only way in which poverty will ever be banished from this world is by getting a large and constantly increasing number of people to practice the teachings of this book.

People must be taught to become rich by creation, not by competition.

Every man who becomes rich by competition throws down behind him the ladder by which he rises, and keeps others down; but every man who gets rich by creation opens a way for thousands to follow him, and inspires them to do so.

You are not showing hardness of heart or an unfeeling disposition when you refuse to pity poverty, see poverty, read about poverty, or think or talk about it, or to listen to those who do talk about it. Use your will power to keep your mind OFF the subject of poverty, and to keep it fixed with faith and purpose ON the vision of what you want.

Chapter 10

Further Use of Will

You cannot retain a true and clear vision of wealth if you are constantly turning your attention to opposing pictures, whether they be external or imaginary.

Do not tell of your past troubles of a financial nature, if you have had them, do not think of them at all. Do not tell of the poverty of your parents, or the hardships of your early life; to do any of these things is to mentally class yourself with the poor for the time being, and it will certainly check the movement of things in your direction.

"Let the dead bury their dead," as Jesus said.

Put poverty and all things that pertain to poverty completely behind you.

You have accepted a certain theory of the universe as being correct, and are resting all your hopes of happiness on its being correct; and what can you gain by giving heed to conflicting theories?

Do not read religious books which tell you that the world is soon coming to an end; and do not read the writing of muck-rakers and pessimistic philo- sophers who tell you that it is going to the devil.

The world is not going to the devil; it is going to God.

It is wonderful Becoming.

True, there may be a good many things in existing conditions which are disagreeable; but what is the use of studying them when they are certainly passing away, and when the study of them only tends to check their passing and keep them with us? Why give time and attention to things which are being removed by evolutionary growth, when you can hasten their removal only by promoting the evolutionary growth as far as your part of it goes?

No matter how horrible in seeming may be the conditions in certain countries, sections, or places, you waste your time and destroy your own chances by considering them.

You should interest yourself in the world's becoming rich.

Think of the riches the world is coming into, instead of the poverty it is growing out of; and bear in mind that the only way in which you can assist the world in growing rich is by growing rich yourself through the creative method—not the competitive one.

Give your attention wholly to riches; ignore poverty.

Whenever you think or speak of those who are poor, think and speak of them as those who are becoming rich; as those who are to be congratulated rather than pitied. Then they and others will catch the inspiration, and begin to search for the way out.

Because I say that you are to give your whole time and mind and thought to riches, it does not follow that you are to be sordid or mean.

To become really rich is the noblest aim you can have in life, for it includes everything else.

On the competitive plane, the struggle to get rich is a Godless scramble for power over other men; but when we come into the creative mind, all this is changed.

All that is possible in the way of greatness and soul unfoldment, of service and lofty endeavor, comes by way of getting rich; all is made possible by the use of things.

If you lack for physical health, you will find that the attainment of it is conditional on your getting rich.

Only those who are emancipated from financial worry, and who have the means to live a care-free existence and follow hygienic practices, can have and retain health.

Moral and spiritual greatness is possible only to those who are above the competitive battle for existence; and only those who are becoming rich on the plane of creative thought are free from the degrading influences of competition. If your heart is set on domestic happiness, remember that love flourishes best where there is refinement, a high level of thought, and freedom from corrupting influences; and these are to be found only where riches are attained by the exercise of creative thought, without strife or rivalry.

You can aim at nothing so great or noble, I repeat, as to become rich; and you must fix your attention upon your mental picture of riches, to the exclusion of all that may tend to dim or obscure the vision.

You must learn to see the underlying TRUTH in all things; you must see beneath all seemingly wrong conditions the Great One Life ever moving forward toward fuller expression and more complete happiness.

It is the truth that there is no such thing as poverty; that there is only wealth.

Some people remain in poverty because they are ignorant of the fact that there is wealth for them; and these can best be taught by showing them the way to affluence in your own person and practice.

Others are poor because, while they feel that there is a way out, they are too intellectually indolent to put forth the mental effort necessary to find that way and thereby travel it; and for these the very best thing you can do is to arouse their desire by showing them the happiness that comes from being rightly rich.

Others still are poor because, while they have some notion of science, they have become so swamped and lost in the maze of metaphysical and occult theories that they do not know which road to take. They try a mixture of many systems and fail in all. For these, again, the very best thing, to do is to show the right way in your own person and practice; an ounce of doing things is worth a pound of theorizing.

The very best thing you can do for the whole world is to make the most of yourself.

You can serve God and man in no more effective way than by getting rich; that is, if you get rich by the creative method and not by the competitive one.

Another thing. We assert that this book gives in detail the principles of the science of getting rich; and if that is true, you do not need to read any other book upon the subject. This may sound narrow and egotistical, but consider: there is no more scientific method of computation in mathematics than by addition, subtraction, multiplication, and division; no other method is possible. There can be but one shortest distance between two points. There is only one way to think scientifically, and that is to think in the way that leads by the most direct and simple route to the goal. No man has yet formulated a briefer or less complex "system" than the one set forth herein; it has been stripped of all non-essentials. When you commence on this, lay all others aside; put them out of your mind altogether.

Read this book every day; keep it with you; commit it to memory, and do not think about other "systems" and theories. If you do, you will begin to have doubts, and to be uncertain and wavering in your thought; and then you will begin to make failures.

After you have made good and become rich, you may study other systems as much as you please; but until you are quite sure that you have gained what you want, do not read anything on this line but this book, unless it be the authors mentioned in the Preface.

And read only the most optimistic comments on the world's news;

those in harmony with your picture.

Also, postpone your investigations into the occult. Do not dabble in theosophy, spiritualism, or kindred studies. It is very likely that the dead still live, and are near; but if they are, let them alone; mind your own business.

Wherever the spirits of the dead may be, they have their own work to do, and their own problems to solve; and we have no right to interfere with them. We cannot help them, and it is very doubtful whether they can help us, or whether we have any right to trespass upon their time if they can. Let the dead and the hereafter alone, and solve your own problem; get rich. If you begin to mix with the occult, you will start mental cross-currents which will surely bring your hopes to shipwreck. Now, this and the preceding chapters have brought us to the following statement of basic facts:

There is a thinking stuff from which all things are made, and which, in its original state, permeates, penetrates, and fills the interspaces of the universe.

A thought, in this substance, produces the thing that is imaged by the thought.

Man can form things in his thought, and, by impressing his thought upon Formless Substance, can cause the thing he thinks about to be created.

In order to do this, man must pass from the competitive to the creative mind; he must form a clear mental picture of the things he wants, and hold this picture in his thoughts with the fixed PURPOSE to get what he wants, and the unwavering FAITH that he does get what he wants, closing his mind against all that may tend to shake his purpose, dim his vision, or quench his faith.

And in addition to all this, we shall now see that he must live and act in a Certain Way.

Chapter 11

Acting in the Certain Way

Thought is the creative power, or the impelling force which causes the creative power to act; thinking in a Certain Way will bring riches to you, but you must not rely upon thought alone, paying no attention to personal action. That is the rock upon which many otherwise scientific metaphysical thinkers meet shipwreck—the failure to connect thought with personal action.

We have not yet reached the stage of development, even supposing such a stage to be possible, in which man can create directly from Formless Substance without nature's processes or the work of human hands; man must not only think, but his personal action must supplement his thought.

By thought you can cause the gold in the hearts of the mountains to be impelled toward you; but it will not mine itself, refine itself, coin itself into double eagles, and come rolling along the roads seeking its way into your pocket.

Under the impelling power of the Supreme Spirit, men's affairs will be so ordered that some one will be led to mine the gold for you; other men's business transactions will be so directed that the gold will be brought toward you, and you must so arrange your own business affairs that you may be able to receive it when it comes to you. Your thought makes all things, animate and inanimate, work to bring you what you want; but your personal activity must be such that you can rightly receive what you want when it reaches you. You are not to take it as charity, nor to steal it; you must give every man more in use value than he gives you in cash value.

The scientific use of thought consists in forming a clear and distinct mental image of what you want; in holding fast to the purpose to get what you want; and in realizing with grateful faith that you do get what you want.

Do not try to 'project' your thought in any mysterious or occult way, with the idea of having it go out and do things for you; that is wasted effort, and will weaken your power to think with sanity.

The action of thought in getting rich is fully explained in the preceding chapters; your faith and purpose positively impress your vision upon Formless Substance, which has the same desire for more life that you have; and this vision, received from you, sets all the creative forces at work in and through their regular channels of action, but directed toward you.

It is not your part to guide or supervise the creative process; all you have to do with that is to retain your vision, stick to your purpose, and maintain your faith and gratitude. But you must act in a Certain Way, so that you can appropriate what is yours when it comes to you; so that you can meet the things you have in your picture, and put them in their proper places as they arrive.

You can really see the truth of this. When things reach you, they will be in the hands of other men, who will ask an equivalent for them. And you can only get what is yours by giving the other man what is his.

Your pocketbook is not going to be transformed into a Fortunata's purse, which shall be always full of money without effort on your part.

This is the crucial point in the science of getting rich; right here, where thought and personal action must be combined. There are very many people who, consciously or unconsciously, set the creative forces in action by the strength and persistence of their desires, but who remain poor because they do not provide for the reception of the thing they want when it comes.

By thought, the thing you want is brought to you; by action you receive it. Whatever your action is to be, it is evident that you must act NOW. You cannot act in the past, and it is essential to the clearness of your mental vision that

you dismiss the past from your mind. You cannot act in the future, for the future is not here yet. And you cannot tell how you will want to act in any future contingency until that contingency has arrived.

Because you are not in the right business, or the right environment now, do not think that you must postpone action until you get into the right business or environment. And do not spend time in the present taking thought as to the best course in possible future emergencies; have faith in your ability to meet any emergency when it arrives.

If you act in the present with your mind on the future, your present action will be with a divided mind, and will not be effective.

Put your whole mind into present action.

Do not give your creative impulse to Original Substance, and then sit down and wait for results; if you do, you will never get them. Act now.

There is never any time but now, and there never will be any time but now. If you are ever to begin to make ready for the reception of what you want, you must begin now.

And your action, whatever it is, must most likely be in your present business or employment, and must be upon the persons and things in your present environment.

You cannot act where you are not; you cannot act where you have been, and you cannot act where you are going to be; you can act only where you are.

Do not bother as to whether yesterday's work was well done or ill done; do to-day's work well.

Do not try to do tomorrow's work now; there will be plenty of time to do that when you get to it.

Do not try, by occult or mystical means, to act on people or things that are out of your reach.

Do not wait for a change of environment, before you act; get a change of environment by action.

You can so act upon the environment in which you are now, as to cause yourself to be transferred to a better environment.

Hold with faith and purpose the vision of yourself in the better environment, but act upon your present environment with all your heart, and with all your strength, and with all your mind.

Do not spend any time in day dreaming or castle building; hold to the one vision of what you want, and act NOW.

Do not cast about seeking some new thing to do, or some strange, unusual, or remarkable action to perform as a first step toward getting rich. It is probable that your actions, at least for some time to come, will be those you have been performing for some time past; but you are to begin now to perform these actions in the Certain Way, which will surely make you rich.

If you are engaged in some business, and feel that it is not the right one for you, do not wait until you get into the right business before you begin to act.

Do not feel discouraged, or sit down and lament because you are misplaced. No man was ever so misplaced but that he could not find the right place, and no man ever became so involved in the wrong business but that he could get into the right business.

Hold the vision of yourself in the right business, with the purpose to get into it, and the faith that you will get into it, and are getting into it; but ACT in your present business. Use your present business as the means of getting a better one, and use your present environment as the means of getting into a better one. Your vision of the right business, if held with faith and purpose, will cause the Supreme to move the right business toward you; and your action, if performed in the Certain Way, will cause you to move toward the business.

If you are an employee, or wage earner, and feel that you must change places in order to get what you want, do not "project" your thought into space and rely upon it to get you another job. It will probably fail to do so.

Hold the vision of yourself in the job you want, while you ACT with faith and purpose on the job you have, and you will certainly get the job you want.

Your vision and faith will set the creative force in motion to bring it toward you, and your action will cause the forces in your own environment to move you toward the place you want.

In closing this chapter, we will add another statement to our syllabus.

There is a thinking stuff from which all things are made, and which, in its original state, permeates, penetrates, and fills the interspaces of the universe.

A thought, in this substance, produces the thing that is imaged by the thought.

Man can form things in his thought, and, by impressing his thought upon Formless Substance, can cause the thing he thinks about to be created.

In order to do this, man must pass from the competitive to the creative mind; he must form a clear mental picture of the things he wants, and hold this picture in his thoughts with the fixed PURPOSE to get what he wants, and the unwavering FAITH that he does get what he wants, closing his mind against all that may tend to shake his purpose, dim his vision, or quench his faith. That he may receive what he wants when it comes, man must act NOW upon the people and things in his present environment.

Efficient Action

You must use your thought as directed in previous chapters, and begin to do what you can do where you are; and you must do ALL that you can do where you are.

You can advance only by being larger than your present place; and no man is larger than his present place who leaves undone any of the work pertaining to that place.

The world is advanced only by those who more than fill their present places.

If no man quite filled his present place, you can see that there must be a going backward in everything. Those who do not quite fill their present places are dead weight upon society, government, commerce, and industry; they must be carried along by others at a great expense. The progress of the world is retarded only by those who do not fill the places they are holding; they belong to a former age and a lower stage or plane of life, and their tendency is toward degeneration. No society could advance if every man was smaller than his place; social evolution is guided by the law of physical and mental evolution. In the animal world, evolution is caused by excess of life.

When an organism has more life than can be expressed in the functions of its own plane, it develops the organs of a higher plane, and a new species is originated.

There never would have been new species had there not been organisms which more than filled their places. The law is exactly the same for you; your getting rich depends upon your applying this principle to your own affairs.

Every day is either a successful day or a day of failure; and it is the successful days which get you what you want. If everyday is a failure, you can never get rich; while if every day is a success, you cannot fail to get rich.

If there is something that may be done today, and you do not do it, you have failed in so far as that thing is concerned; and the consequences may be more disastrous than you imagine.

You cannot foresee the results of even the most trivial act; you do not know the workings of all the forces that have been set moving in your behalf. Much may be depending on your doing some simple act; it may be the very thing which is to open the door of opportunity to very great possibilities. You can never know all the combinations which Supreme Intelligence is making for you in the world of things and of human affairs; your neglect or failure to do some small thing may cause a long delay in getting what you want.

Do, every day, ALL that can be done that day. There is, however, a limitation or qualification of the above that you must take into account.

You are not to overwork, nor to rush blindly into your business in the effort to do the greatest possible number of things in the shortest possible time.

You are not to try to do tomorrow's work today, nor to do a week's work in a day.

It is really not the number of things you do, but the EFFICIENCY of each separate action that counts.

Every act is, in itself, either a success or a failure.

Every act is, in itself, either effective or inefficient.

Every inefficient act is a failure, and if you spend your life in doing inefficient acts, your whole life will be a failure.

The more things you do, the worse for you, if all your acts are inefficient ones.

On the other hand, every efficient act is a success in itself, and if every act of your life is an efficient one, your whole life MUST be a success.

The cause of failure is doing too many things in an inefficient manner, and not doing enough things in an efficient manner.

You will see that it is a self-evident proposition that if you do not do any inefficient acts, and if you do a sufficient number of efficient acts, you will become rich. If, now, it is possible for you to make each act an efficient one, you see again that the getting of riches is reduced to an exact science, like mathematics.

The matter turns, then, on the questions whether you can make each separate act a success in itself. And this you can certainly do.

You can make each act a success, because ALL Power is working with you; and ALL Power cannot fail.

Power is at your service; and to make each act efficient you have only to put power into it.

Every action is either strong or weak; and when every one is strong, you are acting in the Certain Way which will make you rich.

Every act can be made strong and efficient by holding your vision while you are doing it, and putting the whole power of your FAITH and PURPOSE into it.

Every action is either strong or weak; and when every one is strong, you are acting in the Certain Way which will make you rich.

Every act can be made strong and efficient by holding your vision while you are doing it, and putting the whole power of your FAITH and PURPOSE into it.

It is at this point that the people fail who separate mental power from personal action. They use the power of mind in one place and at one time, and they act in another place and at another time. So their acts are not successful in themselves; too many of them are inefficient. But if ALL Power goes into every act, no matter how commonplace, every act will be a success in itself; and as in the nature of things every success opens the way to other successes, your progress toward what you want, and the progress of what you want toward you, will become increasingly rapid.

Remember that successful action is cumulative in its results. Since the desire for more life is inherent in all things, when a man begins to move toward larger life, more things attach themselves to him, and the influence of his desire is multiplied.

Do, every day, all that you can do that day, and do each act in an efficient manner.

In saying that you must hold your vision while you are doing each act, however trivial or commonplace, I do not mean to say that it is necessary at all times to see the vision distinctly to its smallest details. It should be the work of your leisure hours to use your imagination on the details of your vision, and to contemplate them until they are firmly fixed upon memory. If you wish speedy results, spend practically all your spare time in this practice.

By continuous contemplation you will get the picture of what you want, even to the smallest details, so firmly fixed upon your mind, and so completely transferred to the mind of Formless Substance, that in your working hours you need only to mentally refer to the picture to stimulate your faith and purpose, and cause your best effort to be put forth. Contemplate your picture in your leisure hours until your consciousness is so full of it that you can grasp it instantly. You will become so enthused with its bright promises that the mere thought of it will call forth the strongest energies of your whole being.

Let us again repeat our syllabus, and by slightly changing the closing statements, bring it to the point we have now reached.

There is a thinking stuff from which all things are made, and which, in its original state, permeates, penetrates, and fills the interspaces of the universe.

A thought, in this substance, produces the thing that is imaged by the thought.

Man can form things in his thought, and, by impressing his thought upon Formless Substance, can cause the thing he thinks about to be created.

In order to do this, man must pass from the competitive to the creative mind; he must form a clear mental picture of the things he wants, and do, with faith and purpose, all that can be done each day, doing each separate thing in an efficient manner.

Chapter 13

Getting Into the Right Business

Success, in any particular business, depends for one thing upon your possessing in a well-developed state the faculties required in that business.

Without good musical faculty, no one can succeed as a teacher of music; without well-developed mechanical faculties, no one can achieve great success in any of the mechanical trades; without tact and the commercial faculties, no one can succeed in mercantile pursuits. But to possess in a well-developed state the faculties required in your particular vocation does not insure getting rich. There are musicians who have remarkable talent, and who yet remain poor; there are blacksmiths, carpenters, and so on who have excellent mechanical ability, but who do not get rich; and there are merchants with good faculties for dealing with men who nevertheless fail.

The different faculties are tools; it is essential to have good tools, but it is also essential that the tools should be used in the Right Way. One man can take a sharp saw, a square, a good plane, and so on, and build a handsome article of furniture; another man can take the same tools and set to work to duplicate the article, but his production will be a botch. He does not know how to use good tools in a successful way.

The various faculties of your mind are the tools with which you must do the work which is to make you rich; it will be easier for you to succeed if you get into a business for which you are well equipped with mental tools.

Generally speaking, you will do best in that business which will use your strongest faculties; the one for which you are naturally "best fitted." But there are limitations to this statement, also. No man should regard his vocation as being irrevocably fixed by the tendencies with which he was born.

You can get rich in any business, for if you have not the right talent for, you can develop that talent; it merely means that you will have to make your tools as you go along, instead of confining yourself to the use of those with which you were born. It will be easier for you to suc-ceed in a vocation for which you already have the talents in a well-de-veloped state; but you can succeed in any vocation, for you can develop any rudimentary talent, and there is no talent of which you have not at least the rudiment.

You will get rich most easily in point of effort, if you do that for which you are best fitted; but you will get rich most satisfactorily if you do that which you want to do.

Doing what you want to do is life; and there is no real satisfaction in living if we are compelled to be forever doing something which we do not like to do, and can never do what we want to do. And it is certain that you can do what you want to do; the desire to do it is proof that you have within you the power which can do it.

Desire is a manifestation of power.

The desire to play music is the power which can play music seeking expression and development; the desire to invent mechanical devices is the mechanical talent seeking expression and development.

Where there is no power, either developed or undeveloped, to do a thing, there is never any desire to do that thing; and where there is strong desire to do a thing, it is certain proof that the power to do it is strong, and only requires to be developed and applied in the Right Way.

All things else being equal, it is best to select the business for which you have the best developed talent; but if you have a strong desire to engage in any particular line of work, you should select that work as the ultimate end at which you aim.

You can do what you want to do, and it is your right and privilege to follow the business or avocation which will be most congenial and pleasant.

You are not obliged to do what you do not like to do, and should not do it except as a means to bring you to the doing of the thing you want to do.

If there are past mistakes whose consequences have placed you in an undesirable business or environment, you may be obliged for some time to do what you do not like to do; but you can make the doing of it pleasant by knowing that it is making it possible for you to come to the doing of what you want to do.

If you feel that you are not in the right vocation, do not act too hastily in trying to get into another one. The best way, generally, to change business or environment is by growth.

Do not be afraid to make a sudden and radical change if the opportunity is presented, and you feel after careful consideration that it is the right opportunity; but never take sudden or radical action when you are in doubt as to the wisdom of doing so.

There is never any hurry on the creative plane; and there is no lack of opportunity.

When you get out of the competitive mind you will understand that you never need to act hastily. No one else is going to beat you to the thing you want to do; there is enough for all. If one space is taken, another and a better one will be opened for you a little farther on; there is plenty of time. When you are in doubt, wait. Fall back on the contemplation of your vision, and increase your faith and purpose; and by all means, in times of doubt and indecision, cultivate gratitude.

A day or two spent in contemplating the vision of what you want, and in earnest thanksgiving that you are getting it, will bring your mind into such close relationship with the Supreme that you will make no mistake when you do act.

There is a mind which knows all there is to know; and you can come into close unity with this mind by faith and the purpose to advance in life, if you have deep gratitude.

Mistakes come from acting hastily, or from acting in fear or doubt, or in forgetfulness of the Right Motive, which is more life to all, and less to none.

As you go on in the Certain Way, opportunities will come to you in increasing number; and you will need to be very steady in your faith and purpose, and to keep in close touch with the All Mind by reverent gratitude.

Do all that you can do in a perfect manner every day, but do it without haste, worry, or fear. Go as fast as you can, but never hurry.

Remember that in the moment you begin to hurry you cease to be a creator and become a competitor; you drop back upon the old plane again.

Whenever you find yourself hurrying, call a halt; fix your attention on the mental image of the thing you want, and begin to give thanks that you are getting it. The exercise of gratitude will never fail to strengthen your faith and renew your purpose.

Chapter 14

The Impression of Increase

WHETHER you change your vocation or not, your actions for the present must be those pertaining to the business in which you are now engaged.

You can get into the business you want by making constructive use of the business you are already established in; by doing your daily work in a Certain Way.

And in so far as your business consists in dealing with other men, whether personally or by letter, the key-thought of all your efforts must be to convey to their minds the impression of increase. Increase is what all men and all women are seeking; it is the urge of the Formless Intelligence within them, seeking fuller expression.

The desire for increase is inherent in all nature; it is the fundamental impulse of the universe. All human activities are based on the desire for increase;people are seeking more food, more clothes, better shelter, more luxury, more beauty, more knowledge, more pleasure—increase in something, more life.

Every living thing is under this necessity for continuous advancement; where increase of life ceases, dissolution and death set in at once.

Man instinctively knows this, and hence he is forever seeking more. This law of perpetual increase is set forth by Jesus in the parable of the talents*; only those who gain more retain any; from him who hath not shall be taken away even that which he hath.

* The Parable of the Talents

Once there was a man who was about to leave home on a trip; he called his servants and put them in charge of his property. He gave to each one according to his ability: to one he gave five thousand gold coins, to another he gave two thousand, and to another he gave one thousand. Then he left on his trip. The servant who had received five thousand coins went at once and invested his money and earned another five thousand. In the same way the servant who had received two thousand coins earned another two thousand. But the servant who had received one thousand coins went off, dug a hole in the ground, and hid his master's money. After a long time the master of those servants came back and settled accounts with them. The servant who had received five thousand coins came in and handed over the other five thousand. "You gave me five thousand coins, sir," he said, "Look! Here are another five thousand that I have earned." "Well done, you good and faithful servant!" said the master. "You have been faithful in managing small amounts, so I will put you in charge of large amounts. Come on in and share my happiness!" Then the servant who had been given two thousand coins came in and said, "You gave me two thousand coins, sir. Look! Here are another two thousand that I have earned." "Well done, you good and faithful servant!" said his master. "You have been faithful in managing small amounts, so I will put you in charge of large amounts. Come on in and share my happiness!" Then the servant who had received one thousand coins came in and said, "Sir, I know you are a hard man. you reap harvests where you did not scatter plant, and you gather crops where you did not scatter seed. I was afraid, so I went off and hid your money in the ground. Look! Here is what belongs to you." "You bad and lazy servant!" his master said. "You knew, did you, that I reap harvests where I did not plant, and gather crops where I did not scatter seed? Well, then, you should have deposited my money in the bank, and I would have received it all back with interest when I returned. Now, take the money away from him and give it to the one who has ten thousand coins. For to every person who has something, even more will be given, and he will have more than enough; but the person who has nothing, even the little that he has will be taken away from him. As for this useless servant—throw him outside in the darkness; there he will cry and gnash his teeth." The normal desire for increased wealth is not an evil or a reprehensible thing; it is simply the desire for more abundant life; it is aspiration.

And because it is the deepest instinct of their natures, all men and women are attracted to him who can give them more of the means of life.

In following the Certain Way as described in the foregoing pages, you are getting continuous increase for yourself, and you are giving it to all with whom you deal.

You are a creative center, from which increase is given off to all. Be sure of this, and convey assurance of the fact to every man, woman, and child with whom you come in contact. No matter how small the transaction, even if it be only the selling of a stick of candy to a little child, put into it the thought of increase, and make sure that the customer is impressed with the thought.

Convey the impression of advancement with everything you do, so that all people shall receive the impression that you are an advancing man, and that you advance all who deal with you. Even to the people whom you meet in a social way, without any thought of business, and to whom you do not try to sell anything, give the thought of increase.

You can convey this impression by holding the unshakable faith that you, yourself, are in the way of increase; and by letting this faith inspire, fill, and permeate every action.

Do everything that you do in the firm conviction that you are an advancing personality, and that you are giving advancement to everybody.

Feel that you are getting rich, and that in so doing you are making others rich, and conferring benefits on all.

Do not boast or brag of your success, or talk about it unnecessarily; true faith is never boastful.

Wherever you find a boastful person, you find one who is secretly doubtful and afraid. Simply feel the faith, and let it work out in every transaction; let every act and tone and look express the quiet assurance that you are getting rich; that you are already rich. Words will not be necessary to communicate this feeling to others; they will feel the sense of increase when in your presence, and will be attracted to you again.

You must so impress others that they will feel that in associating with you they will get increase for themselves. See that you give them a use value greater than the cash value you are taking from them.

Take an honest pride in doing this, and let everybody know it; and you will have no lack of customers. People will go where they are given increase; and the Supreme, which desires increase in all, and which knows all, will move toward you men and women who have never heard of you. Your business will increase rapidly, and you will be surprised at the unexpected benefits which will come to you. You will be able from day to day to make larger combinations, secure greater advantages, and to go on into a more congenial vocation if you desire to do so.

But doing thing all this, you must never lose sight of your vision of what you want, or your faith and purpose to get what you want.

Let me here give you another word of caution in regard to motives.

Beware of the insidious temptation to seek for power over other men.

Nothing is so pleasant to the unformed or partially developed mind as the exercise of power or dominion over others. The desire to rule for selfish gratification has been the curse of the world. For countless ages kings and lords have drenched the earth with blood in their battles to extend their dominions; this not to seek more life for all, but to get more power for themselves.

Today, the main motive in the business and industrial world is the same; men marshal their armies of dollars, and lay waste the lives and hearts of millions in the same mad scramble for power over others. Commercial kings, like political kings, are inspired by the lust for power.

Jesus saw in this desire for mastery the moving impulse of that evil world He sought to overthrow. Read the twenty-third chapter of Matthew, and see how He pictures the lust of the Pharisees to be called "Master," to sit in the high places, to domineer over others, and to lay burdens on the backs of the less fortunate; and note how He compares this lust for dominion with the brotherly seeking for the Common Good to which He calls His disciples.

Look out for the temptation to seek for authority, to become a "master," to be considered as one who is above the common herd, to impress others by lavish display, and so on.

The mind that seeks for mastery over others is the competitive mind; and the competitive mind is not the creative one. In order to master your environment and your destiny, it is not at all necessary that you should rule over your fellow men and indeed, when you fall into the world's struggle for the high places, you begin to be conquered by fate and environment, and your getting rich becomes a matter of chance and speculation.

Beware of the competitive mind!! No better statement of the principle of creative action can be formulated than the favorite declaration of the late "Golden Rule" Jones[2] of Toledo: "What I want for myself, I want for everybody."

---

2) Samuel Milton Jones, a.k.a. "Golden Rule Jones", lived from 1846 to 1904 and served as Mayor of Toledo, Ohio from 1897 to 1904, passing away while still in office. He is famous in Toledo for his advocacy of the Golden Rule, hence his nickname. (From Wikipedia, the free encyclopedia).

Chapter 15

The Advancing Man

What I have said in the last chapter applies as well to the professional man and the wage-earner as to the man who is engaged in mercantile business.

No matter whether you are a physician, a teacher, or a clergyman, if you can give increase of life to others and make them sensible of the fact, they will be attracted to you, and you will get rich. The physician who holds the vision of himself as a great and successful healer, and who works toward the complete realization of that vision with faith and purpose, as described in former chapters, will come into such close touch with the Source of Life that he will be phenomenally successful; patients will come to him in throngs.

No one has a greater opportunity to carry into effect the teaching of this book than the practitioner of medicine; it does not matter to which of the various schools he may belong, for the principle of healing is common to all of them, and may be reached by all alike. The advancing man in medicine, who holds to a clear mental image of himself as successful, and who obeys the laws of faith, purpose, and gratitude, will cure every curable case he undertakes, no matter what remedies he may use.

In the field of religion, the world cries out for the clergyman who can teach his hearers the true science of abundant life. He who masters the details of the science of getting rich, together with the allied sciences of being well, of being great, and of winning love, and who teaches these details from the pulpit, will never lack for a congregation. This is the gospel that the world needs; it will give increase of life, and men will hear it gladly, and will give liberal support to the man who brings it to them.

What is now needed is a demonstration of the science of life from the pulpit. We want preachers who can not only tell us how, but who in their own persons will show us how. We need the preacher who will himself be rich, healthy, great, and beloved, to teach us how to attain to these things; and when he comes he will find a numerous and loyal following.

The same is true of the teacher who can inspire the children with the faith and purpose of the advancing life. He will never be "out of a job." And any teacher who has this faith and purpose can give it to his pupils; he cannot help giving it to them if it is part of his own life and practice.

What is true of the teacher, preacher, and physician is true of the lawyer, dentist, real estate man, insurance agent—of everybody.

The combined mental and personal action I have described is infallible; it cannot fail. Every man and woman who follows these instructions steadily, perseveringly, and to the letter, will get rich. The law of the Increase of Life is as mathematically certain in its operation as the law of gravitation; getting rich is an exact science.

The wage-earner will find this as true of his case as of any of the others mentioned. Do not feel that you have no chance to get rich because you are working where there is no visible opportunity for advancement, where wages are small and the cost of living high. Form your clear mental vision of what you want, and begin to act with faith and purpose.

Do all the work you can do, every day, and do each piece of work in a perfectly successful manner; put the power of success, and the purpose to get rich, into everything that you do.

But do not do this merely with the idea of currying favor with your employer, in the hope that he, or those above you, will see your good work and advance you; it is not likely that they will do so.

The man who is merely a "good" workman, filling his place to the very best of his ability, and satisfied with that, is valuable to his employer; and it is not to the employer's interest to promote him; he is worth more where he is.

To secure advancement, something more is necessary than to be too large for your place. The man who is certain to advance is the one who is too big for his place, and who has a clear concept of what he wants to be; who knows that he can become what he wants to be and who is determined to BE what he wants to be.

Do not try to more than fill your present place with a view to pleasing your employer; do it with the idea of advancing yourself. Hold the faith and purpose of increase during work hours, after work hours, and before work hours. Hold it in such a way that every person who comes in contact with you, whether foreman, fellow workman, or social acquaintance, will feel the power of purpose radiating from you; so that every one will get the sense of advancement and increase from you. Men will be attracted to you, and if there is no possibility for advancement in your present job, you will very soon see an opportunity to take another job.

There is a Power which never fails to present opportunity to the advancing man who is moving in obedience to law.

God cannot help helping you, if you act in a Certain Way; He must do so in order to help Himself.

There is nothing in your circumstances or in the industrial situation that can keep you down. If you cannot get rich working for the steel trust, you can get rich on a ten-acre farm; and if you begin to move in the Certain Way, you will certainly escape from the "clutches" of the steel trust and get on to the farm or wherever else you wish to be.

If a few thousands of its employees would enter upon the Certain Way, the steel trust would soon be in a bad plight; it would have to give its workingmen more opportunity, or go out of business. Nobody has to work for a trust; the trusts can keep men in so called hopeless conditions only so long as there are men who are too ignorant to know of the science of getting rich, or too intellectually slothful to practice it.

Begin this way of thinking and acting, and your faith and purpose will make you quick to see any opportunity to better your condition.

Such opportunities will speedily come, for the Supreme, working in All, and working for you, will bring them before you.

Do not wait for an opportunity to be all that you want to be; when an opportunity to be more than you are now is presented and you feel impelled toward it, take it. It will be the first step toward a greater opportunity.

There is no such thing possible in this universe as a lack of opportunities for the man who is living the advancing life.

It is inherent in the constitution of the cosmos that all things shall be for him and work together for his good; and he must certainly get rich if he acts and thinks in the Certain Way. So let wage-earning men and women study this book with great care, and enter with confidence upon the course of action it prescribes; it will not fail.

Chapter 16

Some Cautions and Concluding Observations

Many people will scoff at the idea that there is an exact science of getting rich; holding the impression that the supply of wealth is limited, they will insist that social and governmental institutions must be changed before even any considerable number of people can acquire a competence. But this is not true.

It is true that existing governments keep the masses in poverty, but this is because the masses do not think and act in the Certain Way.

If the masses begin to move forward as suggested in this book, neither governments nor industrial systems can check them; all systems must be modified to accommodate the forward movement. If the people have the advancing mind, have the Faith that they can become rich, and move forward with the fixed purpose to become rich, nothing can possibly keep them in poverty.

Individuals may enter upon the Certain Way at any time, and under any government, and make themselves rich; and when any considerable number of individuals do so under any government, they will cause the system to be so modified as to open the way for others.

The more men who get rich on the competitive plane, the worse for others; the more who get rich on the creative plane, the better for others.

The economic salvation of the masses can only be accomplished by getting a large number of people to practice the scientific method set down in this book, and become rich. These will show others the way, and inspire them with a desire for real life, with the faith that it can be attained, and with the purpose to attain it.

For the present, however, it is enough to know that neither the government under which you live nor the capitalistic or competitive system of industry can keep you from getting rich. When you enter upon the creative plane of thought you will rise above all these things and become a citizen of another kingdom.

But remember that your thought must be held upon the creative plane; you are never for an instant to be betrayed into regarding the supply as limited, or into acting on the moral level of competition.

Whenever you do fall into old ways of thought, correct yourself instantly; for when you are in the competitive mind, you have lost the cooperation of the Mind of the Whole.

Do not spend any time in planning as to how you will meet possible emergencies in the future, except as the necessary policies may affect your actions today. You are concerned with doing today's work in a perfectly successful manner, and not with emergencies which may arise tomorrow; you can attend to them as they come.

Do not concern yourself with questions as to how you shall surmount obstacles which may loom upon your business horizon, unless you can see plainly that your course must be altered today in order to avoid them. No matter how tremendous an obstruction may appear at a distance, you will find that if you go on in the Certain Way it will disappear as you approach it, or that a way over, through, or around it will appear.

No possible combination of circumstances can defeat a man or woman who is proceeding to get rich along strictly scientific lines. No man or woman who obeys the law can fail to get rich, any more than one can multiply two by two and fail to get four.

Give no anxious thought to possible disasters, obstacles, panics, or unfavorable combinations of circumstances; it is time enough to meet such things when they present themselves before you in the immediate present, and you will find that every difficulty carries with it the wherewithal for its overcoming.

Guard your speech. Never speak of yourself, your affairs, or of anything else in a discouraged or discouraging way.

Never admit the possibility of failure, or speak in a way that infers failure as a possibility.

Never speak of the times as being hard, or of business conditions as being doubtful. Times may be hard and business doubtful for those who are on the competitive plane, but they can never be so for you; you can create what you want, and you are above fear. When others are having hard times and poor business, you will find your greatest opportunities.

Train yourself to think of and to look upon the world as a something which is becoming, which is growing; and to regard seeming evil as being only that which is undeveloped. Always speak in terms of advancement; to do otherwise is to deny your faith, and to deny your faith is to lose it.

Never allow yourself to feel disappointed. You may expect to have a certain thing at a certain time, and not get it at that time; and this will appear to you like failure. But if you hold to your faith you will find that the failure is only apparent.

Go on in the Certain Way, and if you do not receive that thing, you will receive something so much better that you will see that the seeming failure was really a great success.

A student of this science had set his mind on making a certain business combination which seemed to him at the time to be very desirable, and he worked for some, weeks to bring it about. When the crucial time came, the thing failed in a perfectly inexplicable way; it was as if some unseen influence had been working secretly against him. He was not disappointed; on the contrary, he thanked God that his desire had been overruled, and went steadily on with a grateful mind. In a few weeks an opportunity so much better came his way that he would not have made the first deal on any account; and he saw that a Mind which knew more than he knew had prevented him from losing the greater good by entangling himself with the lesser.

That is the way every seeming failure will work out for you, if you keep your faith, hold to your purpose, have gratitude, and do, every day, all that can be done that day, doing each separate act in a successful manner.

When you make a failure, it is because you have not asked for enough; keep on, and a larger thing than you were seeking will certainly come to you.

Remember this. You will not fail because you lack the necessary talent to do what you wish to do. If you go on as I have directed, you will develop all the talent that is necessary to the doing of your work.

It is not within the scope of this book to deal with the science of cultivating talent; but it is as certain and simple as the process of getting rich.

However, do not hesitate or waver for fear that when you come to any certain place you will fail for lack of ability; keep right on, and when you come to that place, the ability will be furnished to you. The same source of ability which enabled the untaught Lincoln to do the greatest work in government ever accomplished by a single man is open to you; you may draw upon all the mind there is for wisdom to use in meeting the responsibilities which are laid upon you. Go on in full faith.

Study this book. Make it your constant companion until you have mastered all the ideas contained in it. While you are getting firmly established in this faith, you will do well to give up most recreations and pleasure; and to stay away from places where ideas conflicting with these are advanced in lectures or sermons.

Do not read pessimistic or conflicting literature, or get into arguments upon the matter. Do very little reading, outside of the writers mentioned in the Preface. Spend most of your leisure time in contemplating your vision, and in cultivating gratitude, and in reading this book. It contains all you need to know of the science of getting rich; and you will find all the essentials summed up in the following chapter.

Chapter 17

Summary of the Science of Getting Rich

There is a thinking stuff from which all things are made, and which, in its original state, permeates, penetrates, and fills the interspaces of the universe.

A thought, in this substance, produces the thing that is imaged by the thought.

Man can form things in his thought, and, by impressing his thought upon Formless Substance, can cause the thing he thinks about to be created.

In order to do this, man must pass from the competitive to the creative mind; otherwise he cannot be in harmony with the Formless Intelligence, which is always creative and never competitive in spirit.

Man may come into full harmony with the Formless Substance by entertaining a lively and sincere gratitude for the blessings it bestows upon him.

Gratitude unifies the mind of man with the Intelligence of Substance, so that man's thoughts are received by the Formless. Man can remain upon the creative plane only by uniting himself with the Formless Intelligence through a deep and continuous feeling of gratitude.

Man must form a clear and definite mental image of the things he wishes to have, to do, or to become; and he must hold this mental image in his thoughts, while being deeply grateful to the Supreme that all his desires are granted to him. The man who wishes to get rich must spend his leisure hours in contemplating his vision, and in earnest thanksgiving that the reality is being given to him. Too much stress cannot be laid on the importance of frequent contemplation of the mental image, coupled with unwavering faith and devout gratitude. This is the process by which the impression is given to the Formless, and the creative forces set in motion.

The creative energy works through the established channels of natural growth, and of the industrial and social order. All that is included in his mental image will surely be brought to the man who follows the instructions given above, and whose faith does not waver. What he wants will come to him through the ways of established trade and commerce.

In order to receive his own when it shall come to him, man must be active; and this activity can only consist in more than filling his present place. He must keep in mind the purpose to get rich through the realization of his mental image. And he must do, every day, all that can be done that day, taking care to do each act in a successful manner.

He must give to every man a use value in excess of the cash value he receives, so that each transaction makes for more life; and he must so hold the advancing thought that the impression of increase will be communicated to all with whom he comes in contact.

The men and women who practice the foregoing instructions will certainly get rich; and the riches they receive will be in exact proportion to the definiteness of their vision, the fixity of their purpose, the steadiness of their faith, and the depth of their gratitude.